헨리 무어하우스의
은혜의 영성

헨리 무어하우스의
은혜의 영성

헨리 무어하우스 지음 | 이종수 옮김

형제들의 집

차 례

서문, 요한복음 3장 16절을 사랑한 사람..........7

제1장 모압 여인 룻..........10

   1. 결심하는 룻..........10
   2. 이삭을 줍는 룻..........29
   3. 안식하는 룻..........53
   4. 보상을 받는 룻..........72

제2장 그리스도의 대사..........97

제3장 선한 목자..........107

제4장 하나님의 어린 양..........130

제5장 율법과 은혜..........153

헨리 무어하우스..........182

"제가 그리스도를 전파했던 것 이상으로 그리스도를 위해 고난 받도록 기도해주십시오. 저는 오직 그리스도를 영화롭게 해드리기를 바랄 뿐입니다."

by 헨리 무어하우스

서문, 요한복음 3장 16절을 사랑한 사람

"하나님이 세상을 이처럼 사랑하사 독생자를 주셨으니 이는 그를 믿는 자마다 멸망하지 않고 영생을 얻게 하려 하심이라."
(요 3:16)

헨리 무어하우스(Henry Moorhouse)는 열여섯 살이 되었을 때 도박꾼, 갱단의 우두머리, 그리고 도둑이 되었고, 그야말로 야생마 같은 청년이었습니다. 그러나 1859년의 부흥의 시기 동안, 헨리는 자신의 삶을 예수님께 바쳤습니다. 그는 전파되는 복음에 온 마음을 다해 귀를 기울였습니다. 그가 가장 좋아하는 성경 본문은 요한복음 3장 16절이었습니다.

1867년 어느 날 아일랜드에서 그는 유명한 복음전도자 D. L. 무디(Moody)를 만났습니다. 그리고 헨리는 시카고에 있는 무디의 교회에 와서 설교해달라는 다소 의심쩍은 초청을 받았습니다.

얼마간 세월이 흐른 후 무디가 여행에서 집으로 돌아와 보니, 헨리 무어하우스가 자신의 교회에 와서 설교를 시작했고, 많은 사람들의 관심을 끌어 모았다는 이야기를 들었습니다. 무디의 아내는 그에게 "그는 요한복음 3장 16절을 가지고 두 차례 설교를 했다"고 말하면서, "그가 당신이 하는 것과 조금 다른 방식으로 설교를 했지만 당신은 그를 좋아하게 될 것이 틀림없다"고 말했습니다.

"어땠는데요?"

"음, 그는 죄인들에게 하나님이 그들을 사랑한다고 말해주었답니다."

무디는 왠지 확신이 들지 않았지만, 그날 저녁 헨리의 설교를 들으러 갔습니다. 그 젊은이는 강단에 서자마자 말하길, "여러분 요한복음 3장 16절을 찾아주시길 바랍니다"라고 말하는 것이었습니다. 그리곤 그 설교자는 말하길 "여러분은 오늘 저의 설교 본문을 잘 아실 것입니다"라고 하는 것이었습니다.

무디는 나중에 회고하기를, "그는 그 구절을 가지고 내 인생에 있어서 가장 놀라운 설교를 했다. … 나는 그때까지 하나님이 우리를 그 정도로 사랑하시는 줄 알지 못했다. 내 마음은 녹아내리기 시작했고, 나는 눈물을 참을 수 없었다. 그것은 마치 먼 땅에서 오는 좋은 기별과 같았다. 나는 그냥 들이켜 마셨다(잠 25:25 참조)"라는 말을 남겼습니다.

헨리 무어하우스는 또 다시 설교해달라는 요청에 따라서, 매일 저녁, 7일 동안을 요한복음 3장 16절을 가지고 설교를 했고, 그것은 D. L. 무디의 삶을 변화시킬 정도로 강력한 영향을 끼쳤습니다.[1] 무디는 나중에 "나는 그날 밤을 결코 잊을 수 없다"고 말했습니다. 그리고 이어서 말하길, "그 날 이후로 나는 이전과는 전혀 다른 방식으로 복음을 전했고, 그 이후로 하나님에게서 권능을 받아 사람들을 구령할 수 있는 더 많은 능력을 가질 수 있었다"고 고백했습니다.

나중에 헨리가 병이 들어 임종의 순간을 맞이했을 때, 그는 친구들에게 이런 말을 하였다고 합니다.

"만일 다시 건강을 찾고 나를 다시 일으키시는 것이 주님의 뜻이라면, 나는 그 성경구절을 가지고 '하나님이 세상을 찾아 나서실 정도로 사랑하셨습니다(God so loved looked up the world)' 라고 설교하고 싶습니다."

로버트 J. 모건
2009년 9월 22일

---

1) 7일 동안 설교했던 내용은 형제들의집에서 출간된 〈수백만을 감동시킨 사람을 감동시킨 그 사람: 헨리 무어하우스〉란 소책자를 참고해주세요. 설교 전문이 실린 것은 아니지만, 그럼에도 엄청난 감동을 받을 수 있습니다.

제1장 모압 여인 룻

1. 결심하는 룻

나는 여러분들이 성경을 보면서, 하나님이 현재 이스라엘과 그분의 교회를 다루시는 섭리에 대한 매우 놀라운 그림들이 있다는 사실을 충분히 이해하고 있을 것이라고 생각합니다.

여러분이 확실히 이해하기를 바라는 것은, 우리가 살펴보길 바라는 이 모형적인 그림들이 상징에 불과하거나 또는 하나님께서 예표적으로만 설계하신 것이라고 나는 말하고 싶지 않다는 것입니다. 왜냐하면 구약성경에서 어떤 것을 선택한 후 이것은 그저 상징에 불과하다고 말하거나 아니면 하나님은 그것을 하나의 모형으로만 설정하신 것이라고 말하는 것을 나는 유감스럽게 생각하기 때문입니다. 만일 내가 신약성경에 대한 확신이 없었다면 그렇게 말했을지도 모릅니다. 하지만 구약성경에 있는 이 그림들로부터 오늘날 우리가 배울 수 있는 놀라운 교훈들이 확실히 있습니다. 게다가 그것들이 상징이든 아니든 간에, 하나님은 여기에 우리가 배우기를 바라시는 교훈들을 담아 두셨습니다. 우리는 그러한 교훈들을 배울 수 있어야 합니다.

여러분은 룻기가 이스라엘 땅을 떠나 먼 나라로 갔던 한 유대인의 역사를 기록하고 있다는 사실을 이미 알고 있을 것입니다. 사실상, 나는 이 책의 첫 장을 누가복음 15장이라고 말씀드리고 싶습니다. 우리는 한 유대인이 신앙을 저버리고 하나님의 백성들을 등지고 떠난 이야기와 또 그러한 유대인의 일탈행위를 통해서 한 가난한 이방 소녀가 자신이 살던 이방 나라를 떠나 축복의 땅으로 오게 된 이야기를 보게 될 것입니다. 그리고 이 소녀는 부유한 유대인 보아스와 결혼을 하게 될 것입니다. 그리고 거기서 우리는 주 예수 그리스도께서 교회와 결혼하는 그림을 볼 수 있습니다. 부자 유대인과 가난한 이방인이 결혼을 통해서 연합을 이루게 되자, 우리는 축복이 다시 유대인에게로 돌아가는 것을 볼 수 있습니다. 그리고 나는 이것이 바로 하나님이 머지않아 다시 유대인들을 다루시는 섭리에 대해서 신약성경이 가르치고 있는 예언적인 그림이라고 생각합니다. 유대인들이 물러나고 이방인들이 복을 받습니다. 하나님의 교회가 그리스도 안에서 하나됨을 이루고, 그리고 나서 유대인들이 다시 복을 받게 되는 것입니다.

그러나 지금 우리가 살펴보고자 하는 것은 이 룻기의 첫 번째 장입니다. 여러분은 각 장이 다른 장과 완전히 다르다는 것을 알아챘을 것입니다. 이 첫 번째 장에서 우리는 결심하는 룻을 볼 수 있습니다. 그리고 두 번째 장에서는 이삭을 줍는 룻, 세 번째 장에서는 안식하는 룻, 그리고 네 번째 장에서는 보상을 받는 룻을 볼 수 있습니다. 그래서 각각의 장들이 이렇게 다르지만, 전체적으로는 그리스도인들이 신적인 생명 안에서 영적인 진보를 이루어가는 모습을 나타내고 있다는 교훈을 받을 수 있습니다.

이 장은 이렇게 시작하고 있습니다.

"사사들이 치리하던 때에 그 땅에 흉년이 드니라."(룻 1:1)

여러분은 유대인들의 역사를 통해서 하나님의 백성에게 영적인 퇴보가 일어났을 때, 기근이 찾아오는 것이 하나님이 보내신 징벌 중 하나였다는 것을 보게 될 것입니다. 그러므로 이 부분을 읽을 때, 우리는 이스라엘 온 백성이 곁길로 나아간 지 한참이나 되었다는 사실을 알 수가 있습니다. (왕하 8:1, 렘 16:3-13, 겔 5:11-17을 보라.)

"유다 베들레헴에 한 사람이 그의 아내와 두 아들을 데리고 모압 지방에 가서 거류하였는데 그 사람의 이름은 엘리멜렉이요."(룻 1:1,2)

엘리멜렉은 "하나님은 왕이시다"라는 뜻입니다. 왕은 백성들이 복종해야 하는 대상입니다. 하지만 기근이 이 땅에 찾아오자마자, 우리는 이 사람이 불순종했던 것을 볼 수 있습니다. 모든 일이 잘되고, 번성하고, 번영하는 한, 그는 왕을 섬기는 일에 만족할 수 있었습니다. 그러나 기근이 닥치자마자, 그는 모압 땅을 향해 출발했습니다. 나는 감히 말하건대 모압 땅에는 기근이 없었기 때문에, 하나님은 그들에게 가나안 땅에 머물라고 말씀하셨을 것입니다. 그들은 모압 땅으로 가선 아니 되었습니다. 그럼에도 기근이 들자마자 온 가족이 모압을 향해 떠나갔습니다.

나는 이 사실이 당신에게 충격을 주었는지 잘 모르지만, 인간의 본성은 본래 어디에 사나 다 똑같습니다. 여러분은 하나님의 책에서 매우 훌륭하고 출중한 인물들에 대해서 읽어보았을 것이고, 모압으로 가는 것은 항상 하나님을 거역하는 일이었다는 것을 발견하게 될 것입니다. 살아계신 하나님의 성도는 하나님이 금지하신 장소에 가거나 아니면 금지하신 일을 해선 결코 안됩니다. 그럼에도 그렇게 한다면, 엄청난 피해를 입을 수밖에 없습니다.

우리는 중립적일 수 없습니다. 만일 우리가 세상에 축복이 되지 않는다면, 우리는 저주가 될 것입니다. 만일 우리가 가나안에 머물러 있으면 복이 될 것이고, 만일 이집트로 가면 저주가 될 것입니다. 아브라함의 역사를 살펴보십시오. 기근이 오자, 그는 즉시 이집트로 갔습니다. 여러분은 거기에서 무슨 일이 일어났는지를 알고 있습니다. 이삭의 역사를 살펴보아도, 동일한 일이 일어났던 것을 볼 수 있습니다. 그것은 마치 그가 기근 속에서는 *하나님을 신뢰할 수 없었던 것과 같습니다.* 모든 것을 풍족히 누릴 때에는 신뢰가 많이 필요치 않습니다. 그러나 기근이 오자마자 그들은 떠나갔습니다. 그리고 여러분은 그들이 갔던 곳에 있는 사람들 사이에 부대끼며 사는 동안 어떤 해악을 당해야만 했는지 알고 있습니다. 이 모든 이야기가 룻기에 고스란히 나와 있습니다.

나는 정말 많은 사람들이 그들 속에 이렇게 악으로 기우는 경향이 있다는 것을 발견하고서 크게 낙담하고 있음을 알고 있습니다. 내 마음 속에도 이러한 경향들이 있기 때문에, 혹시 내가 크리스천이 아닌가 하는 상상을 하곤 합니다. 지금 당장 나에게서 그런 성향이 나타나지는 않을지라도, 그런 육신성이 우리 속에서 작용하도록 허용하는 것은 성경에 위배되는 것이기 때문에, 나는 내 자신이 크리스천이라는 것을 믿을 수가 없는 상황을 겪곤 합니다. 우리 마음 속에는 자주 하나님의 길을 떠나 방향감각을 잃어버리는 자연스러운 경향이 있기 때문에, 만일 하나님의 선하심이 없다면 우리는 항상 길을 잃을 수밖에 없습니다.

나는 얼마 전에 아일랜드에 있는 케리 카운티에 있었습니다. 그리고 많은 양을 소유하고 있는 한 신사와 함께 들판으로 나가곤 했습니다. 우리는 아주 귀여운 어린양 세 마리와 함께 있는 어미 양 한 마리에게 가까이 가게 되었는데, 나는 "이것은 참으로 아름다운 광경이 아닙니까?"라고 말했습니다. 그러자 그 신

사는 "그래요. 하지만 나는 어미 양이 새끼 양들과 함께 있도록 두지 않을 겁니다. 나는 그 중 한 마리를 데리고 갈 거예요"라고 말하는 것이었습니다.

"양에게 무슨 일을 하시려구요?"

"나는 그 양 한 마리를 염소가 기르도록 하겠습니다."

"전에도 그런 적이 있었습니까?"

"그럼요. 2년 전에도 그 어미 양은 세 마리를 낳았습니다. 나는 그 중 한 마리를 염소가 기르도록 했지요. 머지않아 어린 양이 자라났고, 스스로 풀을 뜯어 먹을 수 있었습니다. 그리고 나서 나는 염소에게서 그 양을 빼앗아 다시 양들 사이에 두었습니다. 그러자 그 어린 양은 염소의 울음소리를 듣고는, 그 소리에 즉시 반응하려는 모습을 나타내곤 했습니다."

"이유가 뭐지요?"

"그 양은 염소의 젖을 먹고 자랐고, 따라서 염소의 본성을 습득했습니다. 그리스도의 양들과 어린 양들도 마찬가지입니다. 우리는 염소 젖을 먹고 자랐고, 염소가 우는 소리를 들을 때 우리는 염소를 쫓고 싶어 합니다. 그러나 하나님께 감사하게도, 우리에게는 선한 목자가 있습니다. 선한 목자의 익숙해지면, 더 이상 염소가 내은 소리에 반응하지 않게 될 것입니다. 그분은 자신의 양과 어린 양을 돌보는 방법을 정확히 알고 계십니다.

이제 나오미가 모압 땅으로 들어갔습니다. 그리고 가장 최악인 것은 "거기서 계속 살았다(she continued there)"(2절)는 것입니다. 어쩌면 나오미는 처음엔 그곳이 어떤 곳인지 보러 갔을 것이고, 의심의 여지없이 특히 기근이 든 상황에서 그곳이 가나안보다 훨씬 낫다고 생각했을 것입니다.

"나오미의 남편 엘리멜렉이 죽고 나오미와 그의 두 아들이 남았으며."(3절)

한 가지 악이 다른 악을 낳는 법입니다. 하나님께서 주신 율법에 의하면, 히브리인은 모압 사람과 결혼해서는 아니 되었습니다. 하지만 나오미는 하나님이 허락하지 않는 곳, 즉 모압 땅으로 옮겨갔고, 그 결과는 무엇이었습니까?

그녀의 두 아들들이 "모압 여자 중에서 그들의 아내를 맞이하였는데 하나의 이름은 오르바요 하나의 이름은 룻이더라 그들이 거기에 거주한 지 십 년쯤에 말론과 기룐 두 사람이 다 죽고 그 여인은 두 아들과 남편의 뒤에"(4,5절) 남게 된 것입니다.

성경에는 오늘날의 이스라엘을 자식이 없는 과부에 비유한 구절이 있습니다. 이런 일이 나오미에게서 일어났습니다. 나오미는 남편과 두 아들을 모두 잃게 되었습니다.

"그 여인이 모압 지방에서 여호와께서 자기 백성을 돌보시사 그들에게 양식을 주셨다 함을 듣고 이에 두 며느리와 함께 일어나 모압 지방에서 돌아오려 하여."(6절)

나오미는 모압에서 10년 이상 살았습니다. 그러나 이제 그녀는 하나님이 자기 백성을 돌아보셨다는 소식을 듣게 되었고, 이곳에서 몹시 가난한 삶을 살고 있었기 때문에 떠나려는 마음을 품었습니다. 하지만 가지고 갈 것이 없었습니다. 어쨌든 그녀는 결심한 듯 "이제 나는 집으로 돌아갈 거야"라고 말했습니다.

우리가 성경에서 발견하는 한 가지 확실한 것은 살아계신 하나님의 참된 자녀는 결코 먼 나라에서 죽지 않는다는 것입니다. 하나님의 자녀는 아버지의 집으로 돌아오고야 말 것입니다. 하나님은 어떤 방법으로든 자기 백성들을 다시 돌아오게끔 하십니다.

우리는 가끔 매우 훌륭한 신앙고백을 하는 사람들을 보곤 합니다. 그래서 우리는 혹시 그들이 하늘에서 온 천사가 아닌가 생각할 정도로 감동을 받습니다. 머지않아 그들이 실수를 하게 되고, 마치 다시는 일어날 수 없을 것처럼 보입니다. 하지만 그들이 진정으로 하나님의 은혜에 의해서 회복하게 된다면, 그들은 결코 먼 나라에서 죽지 않을 것입니다. 그들은 다시 돌아오게 될 것입니다.

잠시 창세기 8장 6-8절로 가보겠습니다. 여기서 우리는 까마귀와 비둘기가 둘 다 방주를 나가는 모습을 볼 수 있습니다. 아마도 함께 나갔을 것입니다. 비둘기는 발 붙일 곳을 찾지 못해서 방주로 다시 돌아왔지만, 까마귀는 돌아오지 않았습니다. 까마귀는 바다 표면에 떠다니는 부패한 시체들에게서 만족을 얻었을 것입니다. 까마귀는 시체들 가운데서 휴식과 양식을 모두 찾을 수 있었습니다. 왜 그렇습니까? 그런 것이 까마귀의 본성이기 때문입니다. 그러나 비둘기는 휴식도 먹을 양식도 찾지 못했습니다. 왜냐하면 그런 것이 비둘기의 본성이기 때문입니다. 그들은 두 가지 서로 다른 본성을 가지고 있었습니다. 하나는 돌아왔고 다른 하나는 돌아오지 않았습니다. 나는 선하게 생긴 많은 까마귀들이 교회에 몰래 들어왔을까 봐 두려운 마음이 듭니다. 어찌 보면 까마귀와 비둘기는 둘 다 비슷하게 생겼습니다. 하지만 하나는 돌아오지 않았고, 다른 하나는 돌아왔습니다. 하나님의 참된 자녀는 세상에서 안식을 찾을 수 없습니다. 세상은 온통 부패한 시체들만 가득하기 때문에, 비둘기는 그런 것을 먹고 살 수 없습니다. 나오미도 마찬가지였습니다. 나오미는 하나님의 백성들을 떠나갔지만, 하나님을 찬송합시다. 그녀는 다시 돌아왔습니다.

이제 우리는 성경에서 볼 수 있는 가장 슬픈 장면들 중 하나를 볼 수 있습니다. 이 두 젊은 과부를 주목하시기 바랍니다. 한 사람의 이름은 오르바요, 다른 한 사람의 이름은 룻입니다. 나오미와 두 며느리, 이렇게 세 사람이 베들레헴을 향해 출발했습니다. 성경은 긍정적으로 이렇게 말합니다.

"있던 곳에서 나오고 두 며느리도 그와 함께 하여 유다 땅으로 돌아오려고 길을 가다가."(7절)

하지만 이어지는 구절에서 나오미는 그들을 향해 이렇게 말합니다.

"너희는 각기 너희 어머니의 집으로 돌아가라 너희가 죽은 자들과 나를 선대한 것 같이 여호와께서 너희를 선대하시기를 원하며 여호와께서 너희에게 허락하사 각기 남편의 집에서 위로를 받게 하시기를 원하노라 하고 그들에게 입 맞추매 그들이 소리를 높여 울며."(8,9절)

나는 많은 독자들이 이 부분을 읽으면서, 사실 나오미는 그들에게 진심으로 다시 돌아가라고 말한 것이 아니라 단지 그들이 자신을 사랑하는지를 보기 위해 그들의 믿음을 시험했을 뿐이라고 생각한다는 것을 알고 있습니다. 하지만 나는 나오미가 한 말이 진심이었다고 믿고 있습니다. 그녀가 "돌아가라"고 말했을 때, 그것은 그녀의 진심이었습니다. 그들에게 입을 맞추고 또 작별 인사를 할 때에, 그녀는 그들이 다시 어둡고 죄 많은 모압 땅으로 돌아가기를 바랐습니다. 어째서 그녀는 그들을 베들레헴과 그녀의 조상의 하나님에게로 데려가고자 하지 않았던 것일까요? 이유를 말씀드리겠습니다. 그녀는 하나님의 말씀을 거역하고서 자기 아들들이 이 모압 여인들과 결혼하는 것을 허락했고, 자신의 수치심과 죄의 증거를 자기가 태어난 베들레헴으로 가져가는 것을 원하지 않았기 때문에, 그들을 돌려보내려고 했던 것입니다. 나는 오르바를 돌려보낸 일이 나오미의 실책으로 남게 될 것이라고 진심으로 믿고 있습니다. 나는 여러분에게 말씀드리지만, 나와 여러분은 누군가에게 저주가 될 수도 있고 아니면 축복이 될 수도 있습니다. 우리는 다른 사람들을 주 예수 그리스도께 인도할 수도 있고, 아니면 그들을 주 예수 그리스도로부터 멀리 쫓아낼 수도 있습니다. 우리는 결코 중립적일 수 없습니다. 우리는 주인님을 위해서 선(善)을 행하거나 해를 끼치거나 둘 중 하나입니다. 오르바는 고향으로 돌아갔습니다. 하지만 그들이 헤어질 때 오르바가 얼마나 소리를 높여 울었는지를 보십시오(14절). 그리고 10절을 보면, 그들은 모두 "우리는 어머니와 함께 어머니의 백성에게로 돌아가겠나이다"라고 확고하게 말하기도 했습니다.

그들이 모압 땅을 처음 떠나올 때에, 그들은 함께 시어머니의 나라로 가고자 결심했습니다. 오르바를 돌려보내고, 그녀를 다시 모압 땅으로 쫓아내고자 했던 사람은 오직 하나님의 백성으로 자처하는 한 사람이었습니다. 만일 여러분이 오늘날 하나님을 떠나 방랑하는 사람이라면, 나는 확신하건대, 여러분은 여러분의 집과 친구들과 자녀들에게 저주가 되면 되었지 결코 축복이 아닐 것이라고 말씀드리고 싶습니다! 하나님의 자녀가 먼 나라에 있다면, 오직 저주 외엔 아무 것도 아닙니다. 나오미는 "돌아가라!"고 말했습니다. 그들은 "아니니이다 우리는 어머니와 함께 어머니의 백성에게로 돌아가겠나이다!"(10절)라고 대답했습니다. 그러자 나오미는 그들을 돌려보내는데 사용할 수 있는 온갖 회유와 심지어 유인책을 사용했습니다. 나오미는 오르바보다 더 강하게 밀어붙였습니다. 나오미는 오르바의 목에 팔을 두르고 입맞춤을 하며 작별 인사를 했고, 그렇게 오르바는 떠나 갔습니다. 이제 나오미가 룻과 또 다른 논쟁을 준비하고 있는 것을 보시기 바랍니다. "룻이여, 나와 함께 간다면 너는 외로움으로 밤을 지새우게 될 것이야. 네 동서가 돌아갔으니, 너도 그녀와 함께 가야 하지 않겠느냐?" 나오미는 룻도 돌아가길 간절히 바랬습니다. 이제 나오미의 입술에서 나오는 말을 잘 살펴보시기 바랍니다.

"보라 네 동서는 그의 백성과 **그의 신들에게로 돌아가나니** 너도 너의 동서를 따라 돌아가라."(15절)

한 이스라엘 사람에 의해서 순전한 이방인이 우상숭배와 죄악으로 내몰리는 사건이 일어난 것입니다.

자, 우리 스스로에게 물어보십시다. 과연 우리는 어디에 있습니까? 당신이 있는 곳은 모압입니까, 아니면 가나안입니까? 먼 나라에 있나요, 아니면 하나님의 집에 있나요? 나는 여러분에게 말씀드리고 싶습니다. 우리가 모압에 있는 것이 확실하다면, 우리는 많은 오르바들을 그들의 신들과 우상숭배의 죄로 내모는 수단이 될 수 있습니다. 하지만 룻은 마음에 굳은 결심을 했습니다. 룻이 하나님에게 가려는 뜻을 마음에 품은 것은 결코 나오미 때문이 아니었습니다. 나는 그처럼 아름다운 보석이 나오미의 면류관을 장식할 것이라고 믿지 않습니다. 나오미는 어찌하든지 룻을 쫓아내고자 최선을 다했을 뿐이지만, 하나님의 은총이 룻의 마음에 감동을 주었습니다. 룻은 돌아가지 않을 작정이었습니다. 룻은 이제 베들레헴으로 갈 것입니다. 나오미는 룻이 마음을 고쳐먹고 돌아가길 얼마나 애원했을까요! 룻이 나오미에게 한 말을 읽어봅시다.

"룻이 이르되 내게 어머니를 떠나며 어머니를 따르지 말고 돌아가라 강권하지 마옵소서 어머니께서 가시는 곳에 나도 가고 어머니께서 머무시는 곳에서 나도 머물겠나이다."(16절)

이 얼마나 감동적인 말인가요! 룻은 "어머니께서 사시는 곳"이 아니라 "어머니께서 머무시는 곳"에 자신도 머물겠다고 말했습니다. 하나님의 교회는 다만 이 아래 세상에서 잠시 머무는 곳에 불과합니다. 심지어 그곳이 보아스의 들판 한가운데 일수도 있습니다.

"어머니의 백성이 나의 백성이 되고 어머니의 하나님이 나의 하나님이 되시리니 어머니께서 죽으시는 곳에서 나도 죽어 거기 묻힐 것이라 만일 내가 죽는 일 외에 어머니를 떠나면 여호와께서 내게 벌을 내리시고 더 내리시기를 원하나이다 하는지라 나오미가 룻이 자기와 함께 가기로 굳게 결심함을 보고 그에게 말하기를 그치니라 이에 그 두 사람이 베들레헴까지 갔더라 베들레헴에 이를 때에 온 성읍이 그들로 말미암아 떠들며 이르기를 이이가 나오미냐 하는지라."(16-19절)

이제 이스라엘 사람들은 마치 "나오미여, 그대가 우리나라에 데려온 이 사람은 누구인가? 정녕 그대가 남편과 두 아들과 함께 떠나갔다가, 가련한 한 이방 여자와 함께 돌아온 나오미란 말인가?"라고 말하는 듯 했습니다. 그러자 나오미는 "나를 나오미라 부르지 말고 나를 마라라 부르라"고 대답했습니다. 왜 그랬을까요? 마라라는 말은 "쓰다"라는 뜻이고, 나오미란 말은 "즐겁다"라는 뜻이었습니다. 나오미는 "전능자가 나를 심히 괴롭게 하셨음이니라"(20절)고 말했습니다. 나오미는 자신에게 일어난 일을 전능자의 탓으로 돌렸습니다. 전능자께서 하신 일은 은혜로 그녀를 다시 데려오신 것이었습니다. 그녀는 불순종했고, 자신 외에는 그 누구도 비난할 수 없었음에도, 그녀는 전능자를 비난했던 것입니다! 나오미라는 이름을 가진 하나님의 자녀가 많이 있지만, 그들은 그 감미로운 이름을 잃었습니다. 그들은 하나님의 집을 떠나 먼 나라로 떠나갔기 때문에 지금은 마라로 지내고 있습니다. 하나님께 감사하게도, 우리가 모압에 들어가면 우리는 우리의 이름을 잃게 됩니다. 왜냐하면 기쁨을 잃어버리기 때문입니다. 모압은 하나님의 자녀들에겐 쓴 맛을 안겨다주는 고통의 땅일 뿐입니다. 만약 그렇지 않다면, 우리는 그저 그곳에서 죽고 또 묻히는 일도 마다하지 않을 것입니다.

그녀가 하는 말에 주목하시기 바랍니다. "내가 … 나갔더니(I went out)."(21절) 그렇습니다. 나오미는 자발적으로 나갔던 것입니다. 나간 것은 "나"였습니다. "여호와께서 나를 … 돌아오게 하셨느니라."(21절) 그녀는 여호와께서 자신을 데리고 나가셨고 이제 자신이 다시 돌아왔다고 말한 것이 아니라, "내가 나갔는데 여호와께서 나를 고향으로 돌아오게 하셨다"라고 말했습니다. 이것은 집 나간 가엾은 양에 대한 구약의 이야기입니다. 양은 길을 잃었지만 목자가 그 양을 도로 찾아온 것입니다.

나오미는 여호와께서 나를 다시 집으로 돌아오게 하셨습니다(the LORD hath brought me home again)!라고 말했습니다. "집(Home)"이라는 작은 단어에 뭔가 감미로운 것이 있지 않습니까? 이 복된 책에서 예수님 다음으로 가장 감미로운 말 중 하나라고 할 수 있습니다.

"고향이여, 감미로운 고향이여(Home, sweet Home)!" 얼마 전에 나는 내 친구 무디 씨와 함께 대서양을 건넌 일이 있었는데, 같은 배에는 이탈리아 음악 밴드가 있었고, 이탈리안 스타일로 노래를 부르고 있었지만, 나는 가사를 전혀 알아들을 수가 없었습니다. 어느 날 밤 나는 무디 씨에게 "그들이 'Home, sweet Home'을 연주한다면 정말 좋겠습니다"라고 말했습니다. 그러자 무디 씨는 이탈리아어를 할 줄 아는 한 신사에게 그것을 부탁했고, 그는 가서 그들에게 "Home, sweet Home"을 연주해줄 수 있는지를 물었습니다. 그 남자가 말하길, "우리는 그 곡을 연주할 수 없습니다"라고 말하는 것이었습니다.

"왜 그런가요?"

"글쎄요, 우리는 고향이란 단어의 의미를 모릅니다. 우리나라 말에는 '고향'이라는 단어가 없습니다."

어떤 사람들은 이탈리아어가 감미롭고 아름다운 언어라고 말합니다만, 나는 그처럼 감미로운 단어를 가지고 있지 않은 세상의 어떤 언어보다 "고향"이라는 단어를 가지고 있는 오래된 색슨어를 더 좋아합니다. 이 오래된 색슨어가 바로 성경의 언어입니다. 세상은 그런 단어를 가지고 있지 않습니다. "하늘의 본향"이라는 단어를 가진 사람은 크리스천 외엔 없습니다.

"여호와께서 내게 비어 돌아오게 하셨느니라."(21절)

우리가 길을 잃고 방황한다면 주님은 무슨 수를 써서라도 우리를 다시 데리고 돌아오실 것입니다. 회심한지 얼마 되지 않았을 때 나는 랭커셔에 있는 한 장소에 가서 복음을 증거하곤 했습니다. 거기서 나는 한 감리교회 성도와 그의 아내를 알게 되었습니다. 그와 나는 좋은 친구가 되었습니다. 그는 사랑스러운 크리스천으로 보였습니다. 얼마 되지 않아 나는 아일랜드로 떠났습니다. 다시 돌아왔을 때, 나는 그에게 편지를 써서 조만간 찾아갈 것이라고 했습니다. 나는 그를 역에서 볼 수 있을 거라 기대했습니다. 하지만 내가 기차역에 도착했을 때 그는 없었습니다. 나는 그의 집을 찾아갔습니다. 나는 그가 나를 보고 반겨줄 것이라고 확신하고 있었습니다. 하지만 사람이 그리스도에게서 떠나가게 되면, 결코 크리스천을 만나는 것을 좋아하지 않게 되는 것 같습니다. 물론 그는 나와 악수를 나누었지만, 너무 냉담한 태도여서 나는 뭔가 잘못되었다는 것을 알았습니다. 그 이유가 무엇인지 금방 알 수 있었습니다. 그는 부자가 되었습니다. 내 말을 오해하지 말고 들어주시기 바랍니다. 하나님이 여러분을 부자가 되게 하시거나 또는 여러분이 하나님의 영광을 위해 그 재물을 사용한다면, 부자가 되는 것은 죄가 되지 않습니다. 여러분이 오로지 재물에만 마음을 쏟을 때, 그것이 바로 죄가 되는 것입니다.

내 친구는 땅을 많이 샀고 일을 하지 않아도 될 만큼 부자가 되었습니다. 그러자 그는 가난한 감리교회 어부들과 함께 예배를 드리는 곳에 더 이상 갈 수 없었습니다. 그는 신앙을 저버린 자(backslider)가 되었고, 돈, 돈, 돈을 버는 것 외에는 아무 것도 신경 쓰지 않게 되었습니다. 마치 세상에 돈 말고는 좋은 것이 없는 것처럼 말입니다.

나는 그의 아내가 그와 함께 신앙을 저버렸고, 또한 그의 딸도 아버지와 어머니와 함께 신앙을 저버렸다는 것을 알게 되었습니다. 그의 아들의 이름은 존이었는데, 이상하게도 존과 나는 특별히 친구가 되었습니다. 아버지의 배를 타고 바다에 나갔다가 항구로 들어오는 존을 만났습니다. "오랜 만이네요. 존, 어떻게 지내나요?" 그는 이렇게 대답했습니다. "하나님께 감사하게도, 저는 잘 지내고 있습니다. 하지만 안타깝게도 아버지와 어머니와 여동생은 그렇지 못합니다. 그들이 다시 그리스도의 발치로 돌아오는 것을 볼 수만 있다면, 나는 내 목숨이라도 바칠 수 있습니다!"

그 다음 일요일 밤, 이 젊은이는 교회 소그룹 모임에서 일어나 자신의 경험을 이야기했습니다. 그는 나에게 했던 놀라운 말, 곧 "저는 그들이 다시 그리스도의 발치로 돌아오는 것을 볼 수만 있다면, 내 목숨이라도 바칠 수 있습니다!"라는 말로 진실한 간증을 했습니다. 다음날 아침 그는 아내와 어린 자녀에게 입맞춤을 했고, 다른 친구들과 함께 바다로 가기 위해 그의 아버지의 배에 올랐습니다. 배에 오르자마자 그는 무슨 일을 하고 있었는데, 갑자기 배가 기울게 되었고 물에 빠지게 되었습니다. 그는 매우 훌륭한 수영선수였지만, 무거운 선원 재킷을 입고 있었습니다. 그들은 급하게 배의 방향을 돌려 돌아오고자 했지만, 배가 도착하기도 전에 그의 손이 높이 올라간 것이 보였고, 마지막으로 그가 그리스도의 보혈을 믿으라는 복음을 외치는 것을 들을 수 있었습니다. 장차 바다가 죽은 자를 내놓을 때까지 그는 바다 속에서 잠들게 되었습니다.

한참 시간이 흐른 후에 늙은 아버지는 그의 어린 아들 리차드에게 "내려가서 보트에 대한 무슨 소식이 있는지 알아보아라"고 말했습니다. 그 작은 친구는 한 시간 후에 돌아왔고, 그의 얼굴은 창백했으며, 그의 뺨에는 눈물이 흘러내리고 있었습니다. 그는 흐느끼며, "오, 아버지, 아버지!"라며 말을 잇지 못했습니다. "무슨 일이니? 그들이 안개 속에서 그물을 잃어버렸다고 하던?" "아, 아버지, 그것보다 더 나빠요. 그들은 형을 잃어버렸습니다! 우리 형은 배에 없어요! 배 밖으로 떨어져 익사했데요!"

그 불쌍한 노인은 울음을 터뜨렸습니다. 그는 아내를 부르며, "여보, 우리 무릎을 꿇고 기도합시다. 하나님께서 우리의 존을 우리에게서 데려가셨소. 모두 우리의 잘못이오. 우리는 그를 위해 돈을 모으고 있었는데, 하나님이 우리의 존을 데려가셨으니 그 돈은 이제 아무 소용이 없게 되었소. 하나님께 용서를 빕시다." 그래서 그들은 하나님께 용서를 빌었고, 나는 그 사람이 나중에 주 예수 그리스도의 영광스러운 복음을 전하는 것을 보았습니다. 하지만 오, 이 얼마나 엄청난 대가인지요!

나오미는 다시 돌아왔지만, 그녀가 치른 대가를 생각해 보시기 바랍니다.

"여호와께서 나를 징벌하셨고 전능자가 나를 괴롭게 하셨거늘."(21절)

그녀의 눈에 가득했던 영적 총명의 빛, 그녀가 사랑하는 사람들, 모두 잃어버렸습니다! 하지만 형제자매들이여, 하나님이 당신을 다시 데리고 오실 것입니다. 만일 내가 모압 땅으로 떠나갔던 사람과 이야기를 나누고 있다면, 나는 이렇게 말하고 싶습니다. "오, 그대여 오늘이라도 돌아오지 않으렵니까? 와서 그대의 죄를 주 예수 그리스도께 고백한다면, 그분께서는 그대를 용서해주실 것입니다. 와서 그 모든 것을 솔직히 털어놓으십시오. 주님께 모든 것을 고하십시오. 나오미가 그랬던 것처럼, '보리 추수 시작할 때에' 가나안으로 돌아오십시오. 그리하면 하나님께서 당신에게 복을 주실 것이고, 기꺼이 도와주실 것입니다."

하나님께서 우리의 마음을 주장하셔서 즉시 그분의 발 아래로 돌아오게 해주시기를 빕니다. 그러면 우리는 이전보다 훨씬 성공적인 삶을 살 수 있습니다. 그러려면 우리는 주 예수 그리스도의 발 아래에 머물러야 합니다. 그곳이 하나님께서 우리를 두고 싶어 하시는 자리이기 때문입니다.

2. 이삭을 줍는 룻

이 장은 우리에게 "유력한 자(a mighty man of wealth)"였던 보아스라는 친족에 대해서 이야기하는 것으로 시작하고 있습니다. "엄청난 재산가"라는 이 표현은 여기 말고는 성경 어디에서도 찾아볼 수 없을 것이라고 나는 생각합니다. 여러분은 보아스가 우리의 친족이 되어 주신 주 예수 그리스도의 모형이라는 사실을 잘 알고 있을 것입니다. 여기서 우리는 그 친족에 대해서 그렇게 많은 말을 할 필요가 없습니다. 왜냐하면 앞으로 그에 대해서 자세히 살펴볼 것이기 때문입니다. 그러나 우리에게는 "엄청난 재산가"인 친족이 있다는 것을 아는 것이 좋을듯합니다. 하나님의 백성이 가난할 필요는 없습니다. 이 말은 단지 주머니 사정이 가난하다는 것만을 의미하는 것은 아닙니다. 왜냐하면 가끔은 하나님의 백성이 가난해지는 것은 복된 특권이기도 하기 때문입니다.

하지만 나는 영적인 것에는 아무도 가난할 필요가 없다고 확신합니다. 왜냐하면 우리의 "엄청난 재산가"가 가진 모든 것이 우리에게 주어졌기 때문입니다. 여러분은 다음과 같은 놀라운 성경 말씀을 알고 있을 것입니다. "우리 주 예수 그리스도의 은혜를 너희가 알거니와 부요하신 이로서 너희를 위하여 가난하게 되심은 그의 가난함으로 말미암아 너희를 부요하게 하려 하심이라."(고후 8:9) 만일 크리스천이라면 세상에서 1원도 갖고 있지 않은 사람일지라도 크리스천이 아니면서 세상에서 가장 부유한 백만장자보다 훨씬 더 부자입니다. 왜냐하면 그는 그리스도를 소유하고 있으며 또한 "엄청난 재산가"가 소유하고 있는 모든 것이 그의 것이기 때문입니다.

우리는 현재로선 룻이 믿음을 가진 여인인지, 그녀가 과연 하나님의 말씀을 믿는 사람인지를 알지 못합니다. 룻은 나오미에게 이렇게 말했습니다.

"내가 밭으로 가서 내가 누구에게 은혜를 입으면 그를 따라서 이삭을 줍겠나이다."(2절)

룻은 자신이 밭에서 이삭을 줍는 권리가 있다는 것을 어떻게 알았을까요? 그녀는 여호와의 날개 아래에 보호를 받으러 왔고, 하나님께서는 하나님의 땅에 들어온 사람들 가운데 가난한 사람과 타국인은 이삭을 주울 수 있는 권리가 있음을 그분의 백성들에게 말씀하셨습니다. 룻은 이렇게 자원해서 타국인의 자리에 들어갔고, 보아스의 밭에 가서 이삭을 줍고자 했습니다.

나는 여러분이 성경에서 이삭줍기와 우리가 이삭 줍는 사람들을 어떻게 대해야 하는지에 대해서 많은 교훈을 하고 있다는 사실을 알고 있는지 모르겠습니다. 신명기 24장 19-21절을 보겠습니다.

"네가 밭에서 곡식을 벨 때에 그 한 뭇을 밭에 잊어버렸거든 다시 가서 가져오지 말고 나그네와 고아와 과부를 위하여 남겨두라 그리하면 네 하나님 여호와께서 네 손으로 하는 모든 일에 복을 내리시리라 네가 네 감람나무를 떤 후에 그 가지를 다시 살피지 말고 그 남은 것은 객과 고아와 과부를 위하여 남겨두며 네가 네 포도원의 포도를 딴 후에 그 남은 것을 다시 따지 말고 객과 고아와 과부를 위하여 남겨두라."(신 24:19-21)

만일 우리가 이 신명기서에서 하나님이 타국인과 고아와 과부에 대해 말씀하시고 또 우리가 그들을 어떻게 대해야 하는지를 말씀하시는 부분을 주목해서 살펴본다면, 하나님을 위해 할 일을 찾지 못하는 크리스천들이 그렇게 많지는 않을 것이라고 나는 확신합니다. 우리가 타국인과 고아와 과부에게 친절을 베풀어야 한다는 것은 구약성경에 분명히 나와 있고 또한 신약성경에서 가르치고 있는 매우 복스러운 원칙 중 하나입니다. 그들은 매우 연약하고 무기력하기 때문에 우리는 가능한 그들에게 도움을 주어야 합니다.

이삭줍기에 대해서 교훈하고 있는 신명기의 이 아름다운 구절을 보면, 이 구절은 추수와 감람나무와 포도에 대해서 이야기하고 있습니다. 어쩌면 당신은 이렇게 말하고 싶을지도 모르겠습니다. "글쎄요. 저는 농부가 아니라 수확에 대해선 아는바가 없습니다. 감람나무는 추운 나라에서는 자라지 않습니다. 게다가 이 땅에서 포도를 재배할 수 있는 사람도 소수에 불과합니다. 이 구절의 의미는 무엇일까요?" 이 구절이 무엇을 의미하는지 이제 말씀드리도록 하겠습니다. 하나님께서는 타국인과 고아와 과부를 이런 식으로 대우하라고 말씀하실 때에, 하나님은 우리가 그렇게 행동하길 바라셨습니다. 여러분은 추수가 무엇인지 알고 있습니다. 곡식을 수확하는 것입니다. 그래야 그 곡식을 가지고 빵을 만들 수 있습니다. 여러분은 빵이 무엇을 위한 것인지 잘 알고 있을 것입니다. 빵을 먹어야 힘을 낼 수 있습니다. 감람나무 열매는 풍성한 결실의 상징이었고, 포도는 기쁨을 상징하고 있었습니다. 그렇다면 하나님께서 여기서 우리에게 가르치고자 하시는 세 가지 일은 곧 타국인과 고아와 과부에게 힘과 평안과 기쁨을 주시고 싶어 하신다는 것입니다. 여러분은 룻기를 읽으면서, 여러 장에서 하나님은 우리가 그들에게 곡식을 주고, 감람나무 열매를 주고, 또 포도열매를 주기를 원하신다는 것을 볼 수 있을 것입니다.

우리는 이 일을 어떻게 할 수 있을까요? 잠언 12장 25절로 가 봅시다. 거기서 우리는 어떻게 하면 주인님을 위해서 그 일을 할 수 있는지를 볼 수 있습니다. (나는 지극히 작은 일, 하나님의 자녀라면 누구나 할 수 있는 일에 대해서 알아보고자 합니다. 남에게 기꺼이 수백, 수천만 원을 줄 수 있고 더 이상 가난하고 싶어도 할 수 없는 그런 부자들에게 말하려는 것이 아니라, 다만 우리 중 가장 가난한 사람이라도 할 수 있는 일에 대해서 알아보고자 합니다. 왜냐하면 우리 주변에는 우리 크리스천들이 누리고 있는 힘과 평안과 기쁨을 필요로 하는 사람들이 많이 있기 때문입니다.) 잠언 12장 25절은 "근심이 사람의 마음에 있으면 그것으로 번뇌하게 되나"라고 말하고 있습니다. 우리 모두는 이것이 사실이라는 것을 알고 있습니다. 무엇이 마음을 기쁘게 할 수 있을까요? 1만 원짜리 지폐가 우리 마음을 행복하게 해줄까요? 아닙니다! 그럼 5만 원짜리 지폐는요? 아닙니다! "선한 말은 그것을 즐겁게 하느니라." 그렇습니다. 선한 말이 마음을 즐겁게 해줍니다.

하나님은 재물이나 부(富)에 대해서 많은 말씀을 하셨습니다. 하지만 재물이나 부가 행복을 가져다주는 것으로 말씀하신 적은 한 번도 없습니다. 반면 여기선 "선한 말"이 마음을 기쁘게 하는 것으로 말씀하고 있습니다. 사람의 마음을 기쁘게 하는 것은 친절하고 사랑스러운 단어인 "선한 말"입니다. 여러분은 이 세상은 근심과 걱정으로 가득하고, 그래서 풀이 죽은 영혼들로 가득하다는 사실을 잘 알고 있을 것입니다. 그리고 유감스러운 일이지만 우리 크리스천들 중 너무도 많은 사람들이 선한 말을 필요로 하는 사람들에게 그 선한 말을 해주는 방식을 보면, 너무 인색하다는 생각이 듭니다. 하나님은 우리가 친절한 말, 선한 말을 풍요롭게 하기를 바라십니다.

여러분은 주 예수 그리스도의 말씀과 그분의 사역과 그분의 기적에 대해서 생각해본 일이 있습니까? 사실 주 예수님께서는 그분의 기적을 통해서 보다는 그분의 말씀을 통해서 더 많은 일을 성취하셨습니다. 나는 예수님께서 얼마나 많은 사람을 치료하셨는지 모릅니다. 나는 예수님께서 얼마나 많은 사람들을 죽음에서 살리셨는지도 모릅니다. 어쩌면 50명, 5천명, 5만 명이었을지도 모릅니다. 하지만 주 예수 그리스도의 사랑으로 가득한 말씀을 통해서 수만, 수천만 명의 사람들이 기쁨을 얻었고 또 구원을 받았습니다. *주님은 우리가 그분의 모방자가 되기를 원하십니다.* 주님이 이 땅에 계실 때 결코 긴 지갑을 가지고 있지 않았지만, 그분은 자기 만족적이고, 자기 의로 가득한 서기관들과 바리새인들을 제외하고선 모든 사람들에게 친절한 말을 하셨습니다. 그분은 모든 부류의 사람들에게 연민으로 가득하고, 동정심으로 충만하고, 또한 애정으로 가득한 말씀을 하셨습니다. 우리 또한 이처럼 선한 말을 기꺼이 내줄 수 있습니다. 이 때문에 가난해지는 일은 결코 없을 것입니다.

이사야서 50장 4절을 보겠습니다. "주 여호와께서 학자들의 혀를 내게 주사 나로 곤고한 자를 말로 어떻게 도와 줄 줄을 알게 하시고 아침마다 깨우치시되 나의 귀를 깨우치사 학자들 같이 알아듣게 하시도다." 어쩌면 여러분은 "오, 나는 사람들에게 내가 얼마나 똑똑한지 보여주기 위해 학자들의 혀를 갖고 싶다!" 라고 말하고 싶을 수도 있습니다. 주 예수님은 한 가지 목적을 위해서 "학자들의 혀"를 소유하셨는데, 그 목적이란 곤고한 자에게 때에 맞는 말을 해서 그를 도와주는 것이었습니다. 이렇게 할 수 있었던 것은 말씀이었습니다. 이것은 능력이나 기적을 통해서 되는 일이 아니었습니다. 이 점이 최근에 나에게 강한 충격을 주었습니다. 이전에는 이런 것을 전혀 생각지도 못했습니다. "무엇을 하든지 말에나 일에나 다 주 예수의 이름으로 하고 그를 힘입어 하나님 아버지께 감사하라."(골 3:17) 여러분은 "무엇을 하든지 말에나 일에나(Whatsoever ye do in word or deed)"라는 매우 이상한 표현에 대해 생각해 본 적이 있습니까? 우리는 이 문장을 "너희가 말로 하거나 필요하면 행동을 하되(Whatsoever ye say in word or do in need)"로 고쳐야 한다고 생각할 수 있습니다. 그러나 성경은 "무엇을 하든지 말에나 일에나(whatsoever ye do in word or deed)"라고 말하고 있습니다. 마치 하나님께서 "네가 나를 위해 하는 모든 말은 선한 일이다"라고 말씀하시는 듯합니다. 그렇다면 우리가 원하는 것은 "학자들의 혀"를 가지고, 곤고한 사람들을 어떻게 말로 도와주어야 할지를 아는데 힘쓰는 것이어야 합니다.

우리가 행복하기를 원한다면, 우리가 즐겁고 기뻐하기를 원한다면, 다른 사람들을 기쁘게 하도록 노력합시다. 그들에게 힘과 평안과 기쁨을 주기 위해 노력합시다. 오늘날 가장 비참한 사람은 자신을 위해 사는 사람이고, 가장 행복한 사람은 자신을 잊고 다른 사람을 위해서 사는 사람입니다. 우리가 자신만을 생각하고, 오로지 자신을 위해서만 살 때에는 진정한 행복은 없습니다. 오직 자신이 부인되고 또 십자가를 지고, 우리가 다른 사람들을 위해 일하고 다른 사람들을 대변할 때, 그 때 우리는 참으로 행복을 맛보게 될 것입니다. 하나님께서 우리에게 "무엇을 하든지 말에나"라고 말씀하셨다는 것을 아는 것은 얼마나 감미로운 일인지 모릅니다. 하나님은 저 높은 곳에서 그것을 기록하고 계십니다.

어떤 사람은 "나는 가끔 로스차일드 남작의 지갑이나 버넷커트 남작의 지갑을 가졌으면 얼마나 좋을까 하는 바램을 가져보곤 한다"는 말을 합니다. 사랑하는 친구여, 만일 하나님께서 당신이 로스차일드 남작의 지갑을 갖기를 원했다면, 하나님은 그것을 당신에게 주었을 것입니다. 여러분은 혀를 가지고 있고, 여러분의 마음에 그리스도를 모시고 있다면, 그 혀를 주인님을 위해 사용하고, 과부를 격려하고, 고아를 위로하고, 고통 받는 사람들의 마음을 위로해주는 일에 사용하시기 바랍니다. 그것이 바로 하나님이 우리가 하기를 바라는 일입니다. 그리고 만일 우리가 하나님께 순종한다면, 우리는 하루가 긴만큼 그만큼 행복감을 누리게 될 것입니다.

나는 한때 마음이 우울하고 울적하고 온통 세상이 어두웠던 때가 있었음을 떠올립니다. 그 날은 참으로 비참한 날이었습니다. 적어도 나는 비참한 상태에 있었습니다. 크리스천들은 무슨 일이 있어도 비참해서는 안 된다고 생각합니다. 하지만 나는 그

날 매우 낙심한 상태였습니다. 그 날은 크리스마스 이브였고, 내가 있던 맨체스터 지역 전체엔 짙은 안개가 자욱했으며, 진눈깨비가 내림으로써 비참한 마음을 더욱 느끼게 했습니다. 시계를 보니 8시쯤 되었습니다. 6킬로미터 정도 떨어진 곳에는, 따뜻한 불과 멋진 차 한 잔이 나를 위해 준비된 작은 오두막이 있었습니다. 나는 속으로 "바로 집에 가서 쉬는 게 좋겠어"라고 생각했습니다.

하지만 그 순간 나는 반대 방향으로 3킬로미터 떨어진 곳에 사는 작은 아이가 떠올랐습니다. 다니는 버스도 없고 차도 없었습니다. 나는 내내 터벅터벅 걸어가야 했고, 그 때는 크리스마스 이브였습니다. 나는 생각하기 시작했습니다. "음, 어린 소녀들은 내일 선물을 기대할 것이 틀림없어. 누군가 이 어린 소녀에게 선물을 주어야 할텐데. 만일 간다면 집에는 11시나 돼야 도착할 것 같은데, 아내는 내가 이렇게 늦게 집에 오는 것에 대해 뭐라고 할까? 그래도 빗속과 진흙탕 길과 안개 속을 뚫고서라도 걸어가야 겠다." 그 때 무언가 속삭이듯이 "내가 너라면, 그렇게 무모한 일은 하지 않을 거야"라고 말하는 것이었습니다. 그러나 다른 생각이 떠올랐습니다. "그 아이가 네 딸이라고 생각해봐. 그 아이에게 선물을 줄 사람이 아무도 없잖아."

나는 결국 장난감 가게에 가서 인형을 샀고, 선물을 들고 추위와 비를 뚫고 갔습니다. 곧 나는 이 어린 소녀가 어머니와 남동생과 함께 사는 한 건물의 지하실로 갔습니다. 내가 문을 두드리자 안에서 목소리가 "들어오세요"라고 말했습니다. 나는 엄지손가락으로 걸쇠를 제끼고 안으로 들어갔습니다. 그곳에는 금방 꺼질 듯 보이는 작은 불이 있었고, 촛불은 없었습니다. 나는 불빛에 의지해서, 한쪽에 앉아 있는 어린 소년을 보았고, 침대에는 9살 정도 된 어린 소녀가 누워 있는 것을 보았습니다. 어린 소녀는 끔찍한 병을 앓고 있었고, 한 쪽 팔을 절단해야 하는 상황에 처해 있었습니다. 그 어린 소녀는 나에게 "당신이 와줘서 너무 기뻐요. 아무도 우리를 찾아오는 사람이 없었고, 어머니는 크리스마스 저녁식사를 준비할 돈을 좀 구하러 나가셨어요." 나는 "네게 인형을 주려고 왔단다"라고 말하고 인형을 그녀에게 건넸습니다. 어린 소녀는 그것을 보았고, 그리고 나서 침대에 손을 넣고는 누더기 같은 천 조각을 꺼냈습니다. 그 소녀는 "저는 직접 인형을 만들려고 노력해 왔어요. 오, 진짜 인형을 갖게 되어 정말 기뻐요"라고 말했습니다.

어린 소녀는 인형을 들고 키스했습니다. 그 순간 어둠이 내 영혼에서 떠나갔고, 차갑고 냉담했던 느낌도 사라졌으며, 나는 이전에는 경험해볼 수 없었던 행복감이 몰려오는 것을 느낄 수 있었습니다. 그 인형은 고작 몇 푼밖에 되지 않았지만, 나는 그 이상의 보상을 받을 수 있었습니다. 이 일이 나를 얼마나 기쁘게 했는지 모릅니다! 그리고 그 다음날 나의 어린 딸을 보았을 때 내가 가졌던 행복감은 10배나 더 컸습니다. 왜냐하면 또 다른 어린 소녀도 행복하게 되었다는 것을 알았기 때문입니다. 가는 곳마다 여러분은 이삭을 줍는 가난한 룻, 곧 도움이 절실한 누군가를 발견하게 될 것입니다. 하나님은 여러분이 그들에게 힘과 평안과 기쁨을 주라고 말씀하십니다."

이제 룻기 2장 4절을 보겠습니다.

"마침 보아스가 베들레헴에서부터 와서 베는 자들에게 이르되 여호와께서 너희와 함께 하시기를 원하노라 하니 그들이 대답하되 여호와께서 당신에게 복 주시기를 원하나이다 하니라."(4절)

여러분은 보아스의 일꾼들 사이에서 파업이 있었다는 것을 읽은 적이 없을 것입니다. 보아스는 그들에게 과할 정도로 친절하게 대했습니다. 여러분의 직장 상사가 여러분에게 다가온다고 상상해보십시오. 그가 우선적으로 하는 말은 "여호와께서 너희와 함께 하시기를 원하노라" 입니다. 그리고 그들은 일어나서 "여호와께서 당신에게 복 주시기를 원하나이다"라고 말합니다. 나는 과연 이 하인들이 아침에 그들끼리 싸웠는지 알지 못합니다. 의심의 여지없이 그들은 작은 다툼을 했을 수도 있고, 그들 중 일부는 항상 서로에게 친절하게 말을 하지 않았을 수도 있습니다. 그러나 주인이 왔을 때, 주인은 그들에게 친절하게 말을 했습니다. 우리도 항상 우리 주인님께 가서 친절하고 사랑스러운 말을 할 수 있습니다.

보아스는 "이는 누구의 소녀냐?" 하고 물었습니다. 그러자 그들은 대답하길, "그녀는 나오미와 함께 모압 지방에서 돌아온 모압 소녀인데, 매우 가난합니다. 나오미는 그녀에게 줄 것이 아무 것도 없어서, 그녀가 이삭을 주우러 나왔습니다"라고 했습니다. 그러자 보아스는 그녀를 향해 이렇게 말했습니다.

"내 딸아 들으라 이삭을 주우러 다른 밭으로 가지 말며 여기서 떠나지 말고 나의 소녀들과 함께 있으라."(8절)

보아스가 룻에게 처음으로 한 말이, "이삭을 주우러 다른 밭으로 가지 말라"고 한 것은 얼마나 놀라운 의미가 있을까요? 왜 그렇게 말했을까요? "왜냐하면 나는 엄청난 재산가이기 때문이다. 주변에 있는 밭은 다 나의 것이다. 나는 너를 만족하게 해줄 정도로 부유하다." 주 예수님께서 자기 백성들에게 하신 말씀을 기억하십니까? "세상을 사랑하지 말라." 즉 "이삭을 주우러 다른 밭으로 가지 말라"고 하셨습니다. 여기서 당신은 이삭을 줍는다는 것이 무엇을 의미하는지 알고 있을 것입니다. 즉 당신을 만족시킬만한 무언가를 얻고자 하는 행위를 가리킵니다. 그래서 주님이 말씀하셨습니다. "너는 내 밭 밖에서 너를 만족시킬 만한 것을 찾지 말라." 이제 나는 하나님의 교회에 어째서 그처럼 많은 슬픔이 있고, 하나님의 백성들 사이에 어째서 그처럼 많은 슬픈 마음이 있으며, 그토록 많은 냉담함과 죽은 것 같은 상태에 처한 성도들이 많은지 말씀드리겠습니다. 그 이유는 바로 하나님의 백성들이 하나님의 밭이 아닌 다른 밭에서 이삭을 주우려 하기 때문입니다. 그 이유는 바로 하나님께서 우리를 만족시킬 만큼 충분히 부요하지 않다고 생각하기 때문입니다. 우리는 주인님께 복종하지 않았습니다. 우리는 그분의 복된 말씀 외에 다른 것을 열망하고 있습니다. 그 결과는 무엇일까요? 슬픔과 눈물과 어둠이 우리의 영혼을 덮친 것입니다.

나는 가끔 이것이 우리가 민수기 11장 4절에서 읽은 것과 같다는 생각을 하곤 합니다. "그들 중에 섞여 사는 다른 인종들이 탐욕을 품으매 이스라엘 자손도 다시 울며 이르되 누가 우리에게 고기를 주어 먹게 하랴?" 홍해를 건넌 후 그들이 처음으로 눈물을 흘린 것은 유월절 어린 양의 피에 의해서 보호를 받지 못한 나쁜 무리들과 사귀었기 때문이었습니다. 그들은 섞였고, 그 결과 울고 슬퍼하기에 이르렀습니다. 우리는 때때로 주인님도 실수를 하실 때가 있고, 또 우리가 그분에게 순종하면 행복하지 않을 것이라고 상상하곤 합니다. 그러나 하나님은 우리가 행복하기를 원하십니다. 하나님은 우리가 진실하고 충성하기를 원하십니다. 우리가 그렇게 하지 않기 때문에 행복할 수가 없는 것입니다.

느헤미야 13장 23절을 보겠습니다.

"그 때에 내가 또 본즉 유다 사람이 아스돗과 암몬과 모압 여인을 맞아 아내로 삼았는데."

그들은 소위 다른 밭에 가서 하나님이 주시지 않을 것이라고 생각되는 것을 찾아 스스로 취했습니다.

"그들의 자녀가 아스돗 방언을 절반쯤은 하여도 유다 방언은 못하니 그 하는 말이 각 족속의 방언이므로." (24절)

나는 이것이 오늘날 교회의 모습을 보여주는 사진이라고 생각합니다. 교회에 다니는 사람 열 명 중 아홉 명에게 물어보면, 여러분은 그들이 진정 누구에게 속했는지를 말할 수 없다는 것을 금새 알게 될 것입니다. 처음 몇 분 동안 당신은 그들이 그리스도에게 속한 사람들이라고 생각할 것입니다. 그리고 나서 5분 정도가 지나면 그들은 세상에 속한 것처럼 보이게 될 것입니다. 그들은 이쪽 저쪽의 언어 모두 정확하게 말할 수 없습니다. 일요일에는 기독교 언어를 사용하지만, 평일에는 세상 언어를 말할 것입니다.

하나님은 우리가 거기서 당장 나와서 분리할 것을 요구하십니다.

"너희는 그들 중에서 나와서 따로 있고." (고후 6:17)

"내가 거룩하니 너희도 거룩할지어다." (벧전 1:16)

하루는 아스돗 말을 사용하고, 다른 날은 히브리 말을 사용하려고 하지 마십시오. 그리스도 편에 서든, 세상 편에 서든 한쪽을 분명히 선택하시기 바랍니다. 이제는 이 문제를 매듭짓기를 바랍니다. 우리가 진정 크리스천이라면, 그리스도를 위한 자리에 설 수 있기를 바랍니다. 만일 크리스천이 아니라면, 거짓 고백을 해선 안됩니다. 우리가 하나님 앞에서 참 크리스천이 아니면서, 사람들 앞에서 크리스천의 자리에 앉아 있어선 아니될 것입니다. 자신의 본색을 드러내시기 바랍니다.

봄이 다가오고 있고, 당신은 머지않아 들판으로 나가게 될 것입니다. 들판에는 종달새가 날아다니고 또한 참으로 감미롭게 노래하게 될 것입니다! 여러분은 새둥지에서 종달새가 노래하는 것을 들어본 적이 있습니까? 그렇지 않다면, 이제 가만히 서서 들어보시기 바랍니다. 곧 종달새가 날기 시작하고, 노래를 부르기 시작합니다. 작은 새는 더 높이 날고, 더 크게 노래를 부르고, 점점 더 높이 날고, 점점 더 크게 노래합니다. 종달새가 너무 높이 날아올라서 당신이 전혀 볼 수 없게 되었을 때 가장 큰 소리로 노래합니다. 종달새는 그때 가장 아름다운 목소리로 노래합니다. 그리고 당신은 종달새가 언제 내려올지 금방 알 수 있습니다. 종달새가 내려오기 시작하는 순간, 더 이상 노래하지 않습니다. 땅에 가까워질수록 점점 노래를 부르지 않다가, 마침내 자기 둥지에 가서 앉게 되면 노래는 완전히 멈춥니다. 크리스천들과 같지 않습니까? 우리는 작고 예쁜 둥지를 짓고, 더 이상 노래하지 않습니다. 하지만 우리가 일어나기 시작하자마자 우리는 노래합니다. 우리가 더 높이 올라갈수록 우리는 더 감미로운 노래를 부릅니다. 더 높이 올라갈수록, 더 감미로운 노래를 부릅니다. 그리고 우리가 가장 크고 가장 감미로운 노래를 부를 때는 우리가 그리스도 안에서 너무 높이 올라가서 세상이 우리의 모습을 볼 수 없을 때입니다.

오, 형제자매들이여, 이 충고를 따르시길 바랍니다. "이삭을 주우러 다른 밭으로 가지 말며 여기서 떠나지 말고 나의 소녀들과 함께 있으라."(8절) 다른 밭에 가봐야 건초와 지푸라기 밖에는 얻는 것이 아무 것도 없을 것입니다. 하지만 주인님의 밭에는 밀과 보리와 옥수수가 있습니다. 주인님께서는 당신에게 주인님의 밭에 머물고 거기서 이삭을 주우라고 말씀하십니다. 그분은 여러분에게 "후히 되어 누르고 흔들어 넘치도록" 주실 것입니다.

이어서 보아스는 룻에게 이런 조언의 말을 해주었습니다.

"그들이 베는 밭을 보고 그들을 따르라 내가 그 소년들에게 명령하여 너를 건드리지 말라 하였느니라 목이 마르거든 그릇에 가서 소년들이 길어 온 것을 마실지니라 하는지라 룻이 엎드려 얼굴을 땅에 대고 절하며 그에게 이르되 나는 이방 여인이거늘 당신이 어찌하여 내게 은혜를 베푸시며 나를 돌보시나이까 하니 보아스가 그에게 대답하여 이르되 네 남편이 죽은 후로 네가 시어머니에게 행한 모든 것과 네 부모와 고국을 떠나 전에 알지 못하던 백성에게로 온 일이 내게 분명히 알려졌느니라."(9-11절)

우리는 여기서 나오미에 대한 룻의 사랑이 전부 보아스에게 알려졌음을 알 수가 있습니다.

어쩌면 여러분은 주님을 섬기는 일을 하는 사역자일지도 모릅니다. 여러분은 여러분 자신을 구원해 주신 주님을 위해 무엇인가를 하려고 노력하고 있습니다. 때때로 당신은 아무런 성과가 눈에 보이지 않기 때문에 낙심상태에 빠져 있을 수도 있습니다. 여러분은 어쩌면 어두운 거리에서 일하고 있을 지도 모릅니다. 비나 눈이 내리고 있을 것입니다. 아마도 여러분의 신발은 방수가 되지 않고, 입을 만한 좋은 외투도 없을 것입니다. 하지만 일요일 오후에 거기로 달려가면 대여섯 명의 사람들이 모여 있는 것을 발견할 수 있습니다. 당신은 그들에게 진리를 말하지만, 그들은 완전히 무관심한 것처럼 보이고, 말씀은 아무런 효과도 없는 것처럼 보입니다. 당신은 그 다음 일요일 그곳에 갑니다. 어쩌면 여러분은 매주 아프고 가난한 사람들을 방문하지만 아무도 와서 당신의 등을 두드려주면서 여러분이 선한 일을 하고 있다고 말해주지 않을 것입니다. 아무도 당신이 하는 일을 신문에 좋은 기사거리로 실어주지도 않습니다. 그리고 아무도 알아주지 않기 때문에 당신은 낙담하게 됩니다. 아무도 룻을 주목하지 않았지만, 보아스는 "나는 너에 대해 모든 것을 알고 있다"고 말했습니다. 사실 나는 주님이 내가 하고 있는 일을 다른 누구보다 잘 알고 있다고 생각하고 있습니다. *하나님은 사람들에게 자신의 사랑하는 아들에 대한 기쁜 소식을 전하기 위해서 당신이 걸어가야 했던 그 음산한 날들을 잊지 않으실 것입니다.* 힘을 내십시오. 나의 형제자매들이여. 여러분은 빗줄기와 진흙탕 길을 헤쳐 나가야 할지도 모릅니다. 그러나 하늘에는 예수님을 위하여 기침을 하거나 감기에 걸릴 특권을 가진 천사는 전혀 없습니다. 그들은 그런 경험을 한 적도 없고, 그럴 수도 없습니다. "네 남편이 죽은 후로 네가 시어머니에게 행한 모든 것과 네 부모와 고국을 떠나 전에 알지 못하던 백성에게로 온 일이 내게 분명히 알려졌느니라." 그는 모든 것을 알고 있었습니다.

이제 그가 말하는 것을 보시기 바랍니다.

"여호와께서 네가 행한 일에 보답하시기를 원하며 이스라엘의 하나님 여호와께서 그의 날개 아래에 보호를 받으러 온 네게 온전한 상 주시기를 원하노라 하는지라 룻이 이르되 내 주여 내가 당신께 은혜 입기를 원하나이다 나는 당신의 하녀 중의 하나와도 같지 못하오나 당신이 이 하녀를 위로하시고 마음을 기쁘게 하는 말씀을 하셨나이다 하니라."(12,13절)

난외주를 보면 여러분은 "당신이 당신의 하녀의 마음에 말씀하셨나이다"로 되어 있는 것을 볼 수 있을 것입니다. 그런 것이 주님이 항상 말씀하시는 방식입니다. 나는 주님이 사람들의 뇌나 또는 그들의 지성을 향해서 말씀을 하시는 것을 본 적이 없습니다. 주님은 항상 단 한 곳만을 바라보시면서 말씀하시는데, 그곳은 바로 마음입니다. 그곳은 하나님의 모든 자녀들이 목표로 삼아야 하는 곳입니다. 당신이 사람의 눈을 상하게 하면 그것은 그 사람을 소경으로 만들 뿐이지만, 당신이 사람의 심장에 칼을 꽂으면 그는 죽지 않을 수가 없습니다. 마찬가지로 하나님의 말씀이 사람의 마음에 꽂히면, 그는 자아에 대해서 죽게 되고 하나님을 향해 살게 될 것입니다.

이제 보아스가 말합니다.

"식사할 때에 보아스가 룻에게 이르되 이리로 와서 떡을 먹으며 네 떡 조각을 초에 찍으라 하므로 룻이 곡식 베는 자 곁에 앉으니 그가 볶은 곡식을 주매 룻이 배불리 먹고 남았더라."(14절)

룻은 항상 보아스가 시키는 대로 했고, 그것은 그녀가 그토록 많은 축복을 받은 이유였습니다. 그녀는 "나는 너무 가난하다"거나 "나는 입을 만한 옷을 가지고 있지 않다"라고 말하지 않았습니다. 보아스가 무엇을 하라고 했든, 그녀는 그대로 행했습니다. 그 결과는 무엇이었습니까? 그녀는 복을 받았습니다. 그러므로 우리도 그리해야 합니다. 우리는 너무도 낮은 자이기 때문에 주님께 순종하는 일은 불가능하다는 식으로 항상 주님께 말씀을 드리려고 해선 안 됩니다. 우리는 주님이 우리에게 말씀하신 대로, 그것이 무슨 일이든지 그대로 행해야 합니다. 주님은 우리에게 명령을 내리지 않으시지만, 다만 우리가 그것에 복종하기를 원하십니다. 주님은 순종하려는 사람에게만 순종할 수 있는 힘을 주십니다.

"식사할 때에 보아스가 룻에게 이르되 이리로 와서."(14절)

주님은 자기 백성이 항상 일하는 것을 원하지 않으십니다. 주님은 그들이 음식을 먹는 시간을 갖기를 바라십니다. 우리는 모두 식사 시간을 좋아하며, 특히 배고플 때 더 좋아합니다. 적절한 식사 시간을 갖는 것은 옳은 일입니다. 나는 어떤 사람들이 우리를 가두어 둔 채 6일 동안 음식을 주지 않다가 7일째에는 산해진미를 쌓아두고서 마음껏 먹도록 하는 집이 있다면, 그래서 우리는 너무 많이 먹어서 무엇을 해야 할지 모른 채 그 날을 보내야 한다면 어떨까 하는 생각을 해봅니다. 6일 동안은 굶고 하루 동안은 실컷 먹습니다! 이런 것이 오늘날 많은 크리스천들이 살아가는 방식입니다. 그들은 일주일에 한 번 식사로 일주일을 견딜 수 있을 만큼 충분히 먹을 것처럼 교회에 다닙니다. 여러분은 그렇게 해선 안됩니다. 그리스도께서는 제자들에게 "우리에게 날마다 일용할 양식을 주시옵고"라고 기도하라고 가르치셨습니다. 내일 할 일을 위해 오늘 먹어둘 순 없습니다. 만일 크리스천들이 끼니마다 적절한 식사 시간을 갖고 또 날마다 주인님의 발치에 앉는다면, 그렇게 약하고 힘없는 크리스천들이 많지 않을 것입니다. 더욱 더 나의 일상적인 기도는 "주님, 일용할 양식과 매일 살아갈 수 있는 힘과 매일 힘써야 할 일을 주소서"가 되어가고 있습니다. 나는 주님이 나에게 내일의 힘이나 내일의 일을 주시는 것이 아니라, 오늘의 힘과 오늘의 일을 주시는 것을 원합니다. 주님은 그것을 주실 것입니다.

"룻이 곡식 베는 자 곁에 앉으니 그가 볶은 곡식을 주매."(14절)

보아스는 룻을 배부르게 먹게 해주었습니다. 마찬가지로 만일 우리가 주님께 순종하기만 한다면 주님은 우리를 배부르게 먹게 해주실 것입니다. 주님은 우리가 충분히 얻을 수 있도록 돌보아 주실 것입니다. "룻이 배불리 먹고 남았더라."(14절) 이제 당신은, 어쩌면 그렇게 먹고 마시는 것은 시간 낭비가 아닐까요? 라고 말하고 싶을 지도 모르겠습니다. 그녀는 어째서 지금까지 이삭을 줍지 않았을까요? 그녀는 보아스가 하라는 대로 했습니다. 이제 그는 종들을 따로 불러 이렇게 당부의 말을 했습니다. "그에게 곡식 단 사이에서 줍게 하고 책망하지 말며 또 그를 위하여 곡식 다발에서 조금씩 뽑아 버려서 그에게 줍게 하고 꾸짖지 말라 하니라."(15,16절) 보아스가 없었다면 그녀는 보리 이삭 한 줌도 얻지 못했을 것입니다. 하지만 그녀가 그에게 복종하자마자, 그는 종들에게 그녀를 위해 "곡식 한 다발"을 뽑아 놓고 줍게 하고 꾸짖지 말라고 말했습니다. 즉 그녀가 너무 많이 주어 간다고 말하지 말고, 그녀의 품에 곡식이 너무 빨리 쌓이고 있다고 책망하지 말라는 것이었습니다. 룻은 믿음의 여인이었습니다. 그녀는 "그건 너무 많아요"라고 말하지 않았고, 심지어 저녁까지 한 움큼씩 한 움큼씩 담았습니다. 우리는 가끔 "우리를 위한 하나님의 이 모든 약속들은 너무 많습니다"라고 말하곤 합니다. 그러나 하나님이 그 모든 것들을 주기로 선택하셨다면, 가능한 우리는 그 가운데 취사선택하는 일을 하지 않는 것이 좋습니다. 룻은 주인의 발치에 앉아 있던 그 30분 동안 많은 것을 얻을 수 있었고, 그 때 그녀는 이전보다 더 많이 얻을 수 있었습니다. 그렇게 한 것은 은혜였습니다. 우리가 장차 저 하늘에 올라가서 과거를 돌아보게 되면, 우리는 우리를 위해 얼마나 많은 "곡식 다발"이 뽑혀져 있었는지를 볼 수 있을 것입니다.

당신은 슬픈 마음으로 무작정 집을 나선 그 날을 기억할 것입니다. 당신은 멀리 가지도 못했는데 우연히 친구를 만나게 되었고, 그 친구는 너무도 사랑스러운 말로 인사를 건넸으며, 길에서 당신을 열렬히 응원해주었습니다. 다음 날 당신은 또 다른 친구를 만났고, 당신은 "그것은 정말 행운이었다"고 생각했습니다. 당신이 그 길을 걸어가면서 친구를 만났던 것은 정말 행복한 우연이었을까요? 그렇지 않습니다. 당신의 친구는 의도적으로 "한 다발"의 복을 가지고 보내심을 받은 것이었습니다. 하나님께서 그런 축복을 보내셨던 것입니다. 그런 일에 우연이나 행운 같은 것은 없습니다. 길을 걸어가는 내내 우리는 우리를 위하여 의도적으로 흩뿌려 놓은 "한 다발(some handfuls of purpose)"의 복을 발견하게 될 것입니다.

"룻이 밭에서 저녁까지 줍고 그 주운 것을 떠니." (17절)

그녀는 그저 한 시간 동안만 일을 하고, 도망치지 않았습니다. 그녀는 하루 종일, 저녁이 될 때까지 쉬지 않고 일했습니다. 이제 그녀가 이삭을 주운 것을 보시기 바랍니다. 그녀는 자신이 가지고 갈 수 있는 것보다 더 많이 주울 수 있었습니다! 자, 여기엔 성경이 침묵하고 있는 한 가지가 있는데, 그것은 바로 룻이 어떤 여자였는가 하는 것입니다. 성경은 그녀의 눈 색깔이나 아니면 머리카락 색깔, 또는 그와 같은 것에 대해선 그 어떤 것도 말해주지 않습니다. 만일 우리가 그녀에 대해 쓰고 있다면, 우리는 그녀가 이런 저런 외모를 가지고 있다거나, 아니면 그녀의 머리카락이 이런 저런 색깔이라고 말하고 싶어 할 것입니다. 그런 것은 하나님이 일하시는 방식이 아닙니다. 다만 하나님은 우리에게 그녀가 굳센 믿음과 상식을 가진 여성이었다고 은밀하게 말해주고 있습니다.

우리는 일반적으로 은혜를 얻는 것과 상식을 갖는 것은 별개라고 생각하고 있습니다. 하지만 룻은 둘 다 가지고 있었습니다. 그녀는 자기가 원하는 것보다 더 많은 것을 얻었으며, "그 주운 것을 떠니 보리가 한 에바쯤" 되었습니다. 그리고 그녀는 짚을 가져갔을까요? 아닙니다. 그녀는 보리만을 가지고 갔습니다. 하지만 우리는 그런 일을 가끔 하고 있습니다. 우리는 교회 예배에 참석하고, 떠날 때 알곡은 남겨 두고, 짚만을 가지고 갑니다.

"뭐라구요! 그런 말은 들어본 적이 없네요."

"당신은 설교자가 한 말에 모두 동의하나요?"

"그는 이런 말도 했고, 저런 말도 했고, 또 다른 말을 했습니다. 그럼 당신은 그가 설교했던 내용이 무슨 의미인지 다 이해해야 한다는 말인가요?"

그런 것이 바로 알곡 대신 짚을 들고 가는 것입니다. 알곡은 짚 없이 자랄 수 없고, 많은 설교들은 알곡보다는 짚을 더 많이 가지고 있을 수도 있습니다. 그것을 떨어내야 합니다. 짚은 떨어내고 알곡만을 집으로 가지고 가야 합니다. 안타깝지만 어떤 설교자는 주인님에 대해서 설교를 한 적이 없고, 그는 나에게 집으로 가져갈 알곡을 준 일이 없습니다. 우리 이제 저녁때까지 이삭을 주웁시다. 그리고 그것을 편 다음 보리나 알곡만을 집으로 가지고 갑시다.

"시어머니가 그에게 이르되 오늘 어디서 주웠느냐 어디서 일을 하였느냐 너를 돌본 자에게 복이 있기를 원하노라 하니 룻이 누구에게서 일했는지를 시어머니에게 알게 하여 이르되 오늘 일하게 한 사람의 이름은 보아스니이다 하는지라 나오미가 자기 며느리에게 이르되 그가 여호와로부터 복 받기를 원하노라 그가 살아 있는 자와 죽은 자에게 은혜 베풀기를 그치지 아니하도다 하고 나오미가 또 그에게 이르되 그 사람은 우리와 가까우니 우리 기업을 무를 자 중의 하나이니라 하니라 모압 여인 룻이 이르되 그가 내게 또 이르기를 내 추수를 다 마치기까지 너는 내 소년들에게 가까이 있으라 하더이다 하니 나오미가 며느리 룻에게 이르되 내 딸아 너는 그의 소녀들과 함께 나가고 다른 밭에서 사람을 만나지 아니하는 것이 좋으니라 하는지라 이에 룻이 보아스의 소녀들에게 가까이 있어서 보리 추수와 밀 추수를 마치기까지 이삭을 주우며 그의 시어머니와 함께 거주하니라." (19-23절)

우리는 다음 장에서 이삭을 줍는 룻이 아니라, 안식하는 룻에 대해서 묵상하는 시간을 갖겠습니다. 주님이 우리를 도와주서서, 주인님의 이름으로 모였고 또 구주를 위해 모인 여러분들 가운데 가난한 룻에게 "한 다발" 곡식을 주시기를 기도합니다.

3. 안식하는 룻

나는 여러분이 앞의 내용이 보리와 밀의 수확이 끝나는 것으로 종결되고 있음을 눈치챘을 것이라고 생각합니다. 밀 수확은 보리 수확 후에 이루어졌습니다. 그리고 우리는 룻기 2장이 다음과 같은 구절로 끝나고 있음을 볼 수 있습니다. "이에 룻이 보아스의 소녀들에게 가까이 있어서 보리 추수와 밀 추수를 마치기까지 이삭을 주우며 그의 시어머니와 함께 거주하니라."(23절) 이 장에서 우리는 룻을 위한 추수에 대해선 아무 것도 볼 수 없습니다. 룻과 나오미에게 과연 무슨 일이 일어나게 되는 것일까요?

성경은 우리가 수단에만 의존해선 안된다는 것을 가르치고 있으며, 우리가 이런 진실을 알게 되는 것은 복된 일입니다. 우리는 수단이 아니라 주인님에게 의존해야 합니다. 우리는 때때로 사람들이 "은혜의 수단"을 갖지 못하기 때문에 슬퍼하는 소리를 듣곤 합니다. 우리가 소위 은혜의 수단을 갖지 못하는 때는 사실 우리가 은혜 가장 가까이 있을 때입니다. 왜냐하면 "은혜와 진리가 충만하신" 주인님께서 바로 앞에 계시기 때문입니다. 우리는 주인님과 더욱 깊은 인격적인 관계와 사귐 속으로 들어가야 합니다. 그렇기 때문에 은혜가 은혜의 수단보다 훨씬 좋습니다. 주 예수 그리스도께서는 자기 백성이 순종하면 아무것도 궁핍한 것이 없을 정도로 보살펴 주실 것입니다.

이 장은 다음과 같이 놀라운 질문으로 시작합니다.

"딸아 내가 너를 위하여 안식할 곳을 구하여 너를 복되게 하여야 하지 않겠느냐?" (룻 3:1)

이 언어와 나오미가 1장 9절에서 사용한 언어 사이에는 놀라운 차이가 있습니다. 거기에서 나오미는 룻과 오르바에게 이렇게 말했습니다. "여호와께서 너희에게 허락하사 각기 남편의 집에서 위로를 받게 하시기를 원하노라." (룻 1:9) 나오미가 모압에 있을 때에는, 그들을 동일하게 보살피는 것 같지 않았습니다. 그러나 지금 그녀는 베들레헴에 있으며, 보아스의 밭에서 가져온 곡식을 먹고 있습니다. 그녀의 언어가 얼마나 다른지를 보시기 바랍니다. "내 딸아 내가 너를 위하여 안식할 곳을 구하여 너를 복되게 하여야 하지 않겠느냐?" (룻 3:1) 우리가 먼 나라에 있을 때에는, 즉 주님과 사귐을 누리고 있지 못할 때에는 우리는 죄인들이 어디로 가든지 상관하지 않습니다. 단지 우리 마음이 바른 상태에 있을 때에만, 나오미와 같은 언어를 사용하게 될 것입니다. 우리의 마음이 바른 상태에 있다면 주인님의 메시지를 가지고서 비록 40킬로미터를 가서 가난하고, 길을 잃고, 죄를 지은 죄인에게 전달해야 한다고 해도 개의치 않을 것입니다. 심지어 우리는 이런 열망에 불탈 수도 있습니다. "주께서 당신에게 안식을 주시길 바랍니다." 아니면 "내가 당신을 위하여 안식을 구해야 하지 않겠습니까?"

2절에서 나오미는 룻에게 아마도 룻이 전혀 모르고 있었던 내용을 이야기하고 있습니다. 그런데 그 내용은 오늘날 하나님의 교회에 의해서 거의 잊혀진 것처럼 보입니다.

"네가 함께 하던 하녀들을 둔 보아스는 우리의 친족이 아니냐 보라 그가 오늘 밤에 타작 마당에서 보리를 까불리라." (룻 3:2)

땅을 가는 사람이 있고 또 씨를 뿌리는 사람이 있으며, 또한 추수하는 사람이 있습니다. 룻기는 이런 일을 했던 종들의 이름을 우리에게 소개하고 있지 않습니다. 다만 타작마당에서 보리를 까부는 일에 대해선, 보아스 자신이 하게 될 것을 우리에게 말해주고 있습니다. 나는 종종 일을 한 성과가 눈에 보이지 않기 때문에 실망에 빠진 일꾼들을 오며가며 만나곤 합니다. 나 또한 일꾼입니다. 나는 주 예수 그리스도를 위해 일하는 사람이라면 누구든지 격려를 해주고 싶습니다. 여러분보다 영혼을 구령하는 일에 훨씬 더 많은 성공을 거둔 다른 사람을 본다고 해서 낙담하지 마시기 바랍니다.

나는 한때 한 농부의 옆집에 살았는데, 그가 밭에 씨를 뿌리러 나갈 때 그를 보곤 했습니다. 나는 어느 날에 그에게 말을 걸었습니다. "당신은 어째서 그 일을 직접 하는 것인가요?" 그가 대답했습니다. "왜냐하면, 나에겐 씨 뿌리는 일을 믿고 맡길 수 있는 종이 없기 때문입니다. 한 번은 내가 믿을 수 있는 사람이 있었는데, 그가 나를 떠났습니다. 나는 지금 내가 씨앗을 뿌리는 일을 믿고 맡길 정도로 신뢰할 수 있는 사람이 한 사람 필요합니다." 나는 그 농부가 가서 우선적으로 아일랜드 노동자를 고용하는 것을 보았고, 곧이어 낫을 들고서 수확을 하는 모습을 보았습니다. 누가 가장 중요한 일을 했을까요? 수확한 사람이 아니라 씨를 뿌린 사람입니다. 그렇기 때문에 여러분이 주 예수 그리스도를 위해서 열심히 일하고 또 수고하지만, 여러분은 한 영혼을 구주에게 인도하는 결말을 보지 못할 수도 있습니다. 하나님께 감사합시다. 하나님은 혹 다른 사람을 통해서 영혼을 수확하는 일을 맡기실지라도 바로 당신에게 씨를 뿌리는 영예를 주실 것입니다.

"그런즉 한 사람이 심고 다른 사람이 거둔다 하는 말이 옳도다."(요 4:37)

"그런즉 심는 이나 물 주는 이는 아무 것도 아니로되 오직 자라게 하시는 이는 하나님뿐이니라."(고전 3:7)

물가에 씨앗을 심으면 머지않아 씨를 뿌리는 사람과 거두는 사람이 함께 기뻐하게 될 것입니다. 주인님이 보리를 타작하게 되면, 우리 모두는 우리가 감당한 부분에 대해서 칭찬을 받게 될 것입니다. 어쩌면 10년 동안 한 번도 침대를 벗어나 본 일이 없는 가난한 노파가 수천 명의 영혼을 그리스도께 인도한 것처럼 보였던 사람보다 더 많은 칭찬을 받을 수도 있을 거라고 생각합니다. 주인님께서는 모든 사람에게 올바르고 합당한 보상을 해 주실 것입니다.

"보라 그가 오늘 밤에 타작 마당에서 보리를 까불리라."(룻 3:2)

나는 여기에 매우 교훈적인 내용이 있다고 생각합니다. "그가 보리를 까불리라." 모든 사람이 한 일은 시험을 받을 것이고, 테스트를 통과하게 될 것입니다. 여러분은 무엇 때문에 보리를 까부는지를 알고 있을 것입니다. 그렇습니다. 보리 또는 밀에서 왕겨를 분리하는 일인 것입니다. 바람이 왕겨를 모두 날려 버리고, 오로지 순수한 곡식 외에는 아무 것도 남아 있지 않게 되는 것입니다. 어쩌면 우리 중 일부는 우리가 행한 일에 대해서 테스트를 하게 되면, 많은 것들이 날아가 버리게 될 것입니다. 그러나 하나님께 감사하게도, 곡식은 남아 있을 것입니다. 왕겨는 날아가게 될 것인데, 이는 우리가 그것을 원하지 않을 것이기 때문입니다.

이제 보리를 까부는 일과 관련하여 성경의 몇 구절을 살펴봅시다. 바울은 이렇게 말했습니다.

"내게 주신 하나님의 은혜를 따라 내가 지혜로운 건축자와 같이 터를 닦아 두매 다른 이가 그 위에 세우나 그러나 각각 어떻게 그 위에 세울까를 조심할지니라 이 닦아 둔 것 외에 능히 다른 터를 닦아 둘 자가 없으니 이 터는 곧 예수 그리스도라 만일 누구든지 금이나 은이나 보석이나 나무나 풀이나 짚으로 이 터 위에 세우면 각 사람의 공적이 나타날 터인데 그 날이 공적을 밝히리니 이는 불로 나타내고 그 불이 각 사람의 공적이 어떠한 것을 시험할 것임이라 만일 누구든지 그 위에 세운 공적이 그대로 있으면 상을 받고 누구든지 그 공적이 불타면 해를 받으리니 그러나 자신은 구원을 받되 불 가운데서 받은 것 같으리라." (고전 3:10-15)

이 세상에 있는 모든 사람이 건축가는 아니지만, 그리스도의 참된 교회의 모든 지체들은 건축가입니다. 하나님께서 친히 예수 그리스도라는 주춧돌을 세우셨고, 우리는 그 위에 건축하는 일을 하고 있습니다. 여기서 우리는 각 사람이 행한 일이 드러나게 되고 시험을 받는 것을 볼 수 있습니다. 각 사람이 행한 일이 그대로 있으면 그는 상을 받게 될 것입니다. 이는 "각각 자기가 일한 대로 자기의 상을 받을 것"(8절)이기 때문이며, 만일 각 사람이 행한 일이 불에 타버리면, (즉 시험을 견디지 못하면) 그는 손실을 당하게 될 것입니다. (즉 상급을 받지 못하게 될 것입니다.) 그러므로 각 사람은 자신이 하는 일에 심혈을 기울이고, 자신이 어떻게 그 일을 하고 있는지를 살펴야 합니다. 우리의 일은 하나님의 방식대로 진행되어야 하며 또한 하나님의 영광을 위하여 하는 것이지, 사람의 방식대로 하거나 아니면 자기 자신의 영광을 위하여 하는 것이 아닙니다.

바울은 우리가 금이나 은이나 보석을 재료로 사용해서 건축하는 일을 하거나, 아니면 나무나 짚이나 풀을 재료로 사용해서 건축하는 일을 할 수 있다고 말합니다. 나는 우리가 어떤 것이 금이나 은이나 보석인지, 또 어떤 것이 나무나 짚이나 풀인지 구별해내는 것이 어렵다고 생각하지 않습니다. 자기의 영광을 위해서 했던 모든 일은 나무나 짚이나 풀처럼 타버리게 될 것입니다. 만일 내가 나 자신의 영광을 위해서 복음을 전했다면, 나의 일은 나무나 짚이나 풀처럼 타버리게 될 것입니다. 금과 은과 보석은 무엇을 가리키는 것일까요? 그것은 주 예수 그리스도를 위해 행한 모든 일입니다. 여러분은 주 예수님의 이름으로 거지에게 냉수 한 잔을 줄 수 있습니다. 왜냐하면 그가 그리스도에게 속한 사람이기 때문입니다. 그러면 여러분은 보상을 받게 될 것입니다. 보리는 반드시 키질을 당하게 될 것입니다. 우리가 행한 일 또한 반드시 시험을 통과하게 될 것입니다. 누가 키질하는 일을 하는 건가요? 종도 아니고 천사도 아닙니다. 주 예수 그리스도께서 친히 그 일을 하실 것이며, 나무와 짚과 풀 같은 것들은 모두 불에 타버리게 될 것입니다.

이제 요한계시록 2장 10절을 보겠습니다.

"네가 죽도록 충성하라 그리하면 내가 생명의 관을 네게 주리라."

여기에 참으로 복된 진리가 드러나 있는 것을 볼 수 있습니다. 허다하게 많은 사람들이 이 구절을, 만일 우리가 회심한 이후에 죽을 때까지 하나님께 충성하면, 하나님께서 우리에게 우리가 충성한 대가로 영생을 주실 것이라는 의미로 이해하고 있습니다. 하지만 그런 것은 여기서 가르치는 내용이 아닙니다. 창세기부터 요한계시록까지 읽어볼 때, 그런 내용은 전혀 성경에서 가르치는 것이 아닙니다. 이 구절은 "우리가 죽도록 충성하면 우리에게 면류관을 주리라"는 것입니다. 과연 하나님께서 누군가에게 그가 충성했기 때문에 영생을 주신 적이 있을까요? 만일 하나님께서 그렇게 하신 적이 있다면 지옥은 사람들로 넘쳐나고 하늘나라는 텅 비었을 것입니다. 우리가 죄인이라는 큰 사실은 우리는 충성하는 일에 성공하지 못하고 실패할 수밖에 없다는 것이 영구적인 진실임을 그대로 보여줍니다. 그렇기 때문에 우리가 영생을 얻을 수 있는 것은 오직 은혜의 토대 위에서만 가능한 일입니다. 우리는 영생을 보상이 아니라 선물로 받습니다. 그러나 내가 구원을 받고 영생을 얻었을 때에, 하나님은 "네가 죽도록 충성하라 그리하면 내가 상급을 네게 주리라"고 말씀하십니다. 이것은 마치 학교에서 방학을 맞이한 우등생들에게 일어나는 일과 같습니다. 즉 열심히 공부해서 좋은 성적을 거둔 사람은 상을 받고 집으로 가져가서 자신들의 어머니와 아버지에게 자랑하게 될 것입니다. 하나님은 우리가 충성스럽게 섬긴 것에 비례해서 장차 상급을 주실 것입니다. 이 때 우리는 주님을 충성스럽게 섬긴 일에 대한 보상으로 영생을 얻는 것이 아니라 생명의 면류관을 받게 될 것입니다. 우리가 행한 일은 시험을 받게 될 것이고, 하나님의 종으로 행한 일에 대해서 보상을 받게 될 것입니다.

이제 고린도전서 9장 24-27절을 보겠습니다.

"운동장에서 달음질하는 자들이 다 달릴지라도 오직 상을 받는 사람은 한 사람인 줄을 너희가 알지 못하느냐 너희도 상을 받도록 이와 같이 달음질하라 이기기를 다투는 자마다 모든 일에 절제하나니 그들은 썩을 승리자의 관을 얻고자 하되 우리는 썩지 아니할 것을 얻고자 하노라 그러므로 나는 달음질하기를 향방 없는 것 같이 아니하고 싸우기를 허공을 치는 것 같이 아니하며 내가 내 몸을 쳐 복종하게 함은 내가 남에게 전파한 후에 자신이 도리어 **버림을 당할까 두려워함이로다**."

허다한 사람들이 이 구절을 보고서 구원을 잃어버릴 수 있다는 염려를 하고 있지만, 사실 이 구절은 우리가 지금까지 살펴본 상급에 대한 주제를 다루고 있습니다. 많은 사람들은 이 구절을 바울이 주 예수 그리스도를 위해 온갖 고난을 겪은 후에도 구원을 상실할 수 있다는 의미로 이해하고 있습니다. 하지만 이 구절의 진정한 의미는 무엇일까요? 누구라도 이 구절의 전후문맥을 읽는다면, 이 구절은 매우 단순한 의미를 제시하고 있음을 알게 될 것입니다. 바울은 지금 무엇을 말하고 있는 것일까요? 우리 모든 크리스천들은 경주를 하고 있다는 것입니다. 그렇다면 누가 달리고 있는 것인가요? 구원받지 못한 사람들이 아니라 구원받은 크리스천들입니다. 무엇을 위해서 달리고 있는 것인가요? 바로 상을 얻고자 달리는 것입니다. 하지만 영생은 결코 상이 아닙니다. 영생은 값없이 주어지는 선물입니다. 그렇다면 상은 무엇인가요? 바로 면류관입니다. "너희도 상을 받도록 이와 같이 달음질하라." 바로 생명의 면류관과 썩지 아니하는 불멸의 면류관이 상입니다. 사도 바울은 "내가 남에게 전파한 후에 자신이 도리어 버림을 당할까 두려워함이로다"라고 말하면서 "그러므로 나는 달음질하기를 향방 없는 것 같이 아니하고 싸우기를 허공을 치는 것 같이 아니하며 내가 내 몸을 쳐 복종하게" 한다고 말했습니다. 여기서 "버림을 당하다(castaway)"로 번역된 그리스어 단어는 "인정을 받지 못하다(disapproved)"라는 뜻을 가지고 있습니다. 주인님이 오셨을 때 혹시라도 내가 한 일을 인정받지 못한다면, 나는 면류관을 받지 못하게 될 것입니다.

사랑하는 여러분들이여, 우리의 몸을 단련하고 또 모든 일에 절제하는 법을 배우시길 바랍니다. "모든 무거운 것과 얽매이기 쉬운 죄를 벗어 버리고 인내로써 우리 앞에 당한 경주를 하며 믿음의 주요 또 온전하게 하시는 이인 예수를 바라봅시다." (히 12:1,2) 이렇게 해야 하는 이유는 영생을 얻고자 함이 아니라 우리 주님이 그토록 은혜롭게 우리에게 약속하신 참으로 복된 면류관을 얻기 위한 것입니다. 장래 추수의 날에 어떤 사람들은 알곡을 풍성하게 거둠으로써 많은 면류관을 쓰게 될 것입니다. 반면 어떤 사람들은, 어쩌면, 너무도 많은 왕겨만을 가지고 있어서, 전혀 인정받지 못하게 될 것입니다. 각 사람은 자신의 충성스러움에 따라서 보상을 받게 될 것입니다. 다른 많은 구절들을 인용할 수도 있지만, 이제 이 장의 3절로 가서 나오미의 조언을 살펴보고자 합니다.

"그런즉 너는 목욕하고 기름을 바르고 의복을 입고 타작 마당에 내려가서 그 사람이 먹고 마시기를 다 하기까지는 그에게 보이지 말고 그가 누울 때에 너는 그가 눕는 곳을 알았다가 들어가서 그의 발치 이불을 들고 거기 누우라."(룻 3:3,4)

룻은 이제 보아스의 발치에 가서 이불 속으로 들어갈 예정이었습니다. 그리고 그 일을 하기 위해선 들판에 가서 이삭을 줍는 일 만큼이나 많은 믿음이 필요했습니다. 하지만 룻의 친족의 발 아래 거하는 것은 룻에게 허락된 합당한 권리였습니다.

룻이 보아스의 발아래에서 자신의 자리를 얻기 이전에 필요한 세 가지가 있었습니다. 그 점을 주목해서 보아야 합니다. 즉 "목욕하고 기름을 바르고 의복을 입어야(Wash thyself therefore, and anoint thee, and put thy raiment upon thee)" 했습니다. 나는 이 모든 것이 무엇을 의미하는지 굳이 여러분에게 설명할 필요를 느끼지는 않습니다. 목욕이란 씻는 것을 의미합니다. 그렇습니다. 만일 우리가 구원자의 발아래 누우려면, 우리는 먼저 목욕해야 합니다. 기름을 바르는 것은 성화를 가리킵니다. 의복을 입는 것은 하나님의 의(義)를 덧입는 것을 가리킵니다. 여기서 우리는 장엄하고 영광스러운 진리를 느낄 수 있지 않습니까? 이런 것들은 우리가 예수님을 영접했을 때 예수님 자신이 우리에게 되어 주신 것들을 가리킵니다. 그리스도를 믿는 순간 우리는 신분상, 그리스도께서 깨끗하신 만큼 우리도 깨끗해지고, 그리스도께서는 우리에게 거룩함과 의로움이, 즉 성화와 의(義)가 되어 주십니다. 그리고 그리스도께서 우리에게 주시는 바로 그것들은 우리로 하여금 그분의 임재 속으로 들어갈 수 있는 자격을 부여해주는 것입니다. 여기서 다룰 수 있는 지면상의 공간은 없지만, 만일 여러분들이 시간이 나게 되면, 에스겔서 16장을 읽어보시기 바랍니다. 여러분은 이 세 가지가 이스라엘과 관련하여 소개된 것을 발견하게 될 것입니다.

"내가 물로 네 피를 씻어 없애고 네게 기름을 바르고 수 놓은 옷을 입히고 물돼지 가죽신을 신기고 가는 베로 두르고 모시로 덧입히고 패물을 채우고 팔고리를 손목에 끼우고 목걸이를 목에 걸고 코고리를 코에 달고 귀고리를 귀에 달고 화려한 왕관을 머리에 씌웠나니 이와 같이 네가 금, 은으로 장식하고 가는 베와 모시와 수 놓은 것을 입으며 또 고운 밀가루와 꿀과 기름을 먹음으로 극히 곱고 형통하여 왕후의 지위에 올랐느니라."(겔 16:9-13)

이제 우리가 예수님의 발치 앉아 그분과 친밀한 사귐을 나누려면, 우리는 실제적인 성화를 실현해야 하며, 악에서 분리되어야 할 뿐만 아니라 습관적으로 하나님의 의의 길을 걸어야 합니다. 왜냐하면 "하나님은 빛이시기" 때문이며, "만일 우리가 하나님과 사귐이 있다 하고 어둠에 행하면 거짓말을 하고 진리를 행하지 아니하는" 것이기 때문입니다(요일 1:5,6).

우리처럼 세상에 있으면서 그리스도와 더불어 하나님과 함께 하는 사귐을 가질 수 있다는 것은 얼마나 위대한 일입니까! 이런 사귐 속에서 행할 때 우리의 모든 행동은 순수하고 성화되어 나타나게 될 것입니다! 정원에 화초를 몇 그루 심었는데, 사람들이 와서 그 화초들을 감상하며 칭송하는 말을 하곤 했습니다. 그들은 정원 밖으로 나간 후에, "나에게서 정말 감미로운 향기가 난다"라는 말을 했습니다. 과연 어디서 향기가 배었는지 아십니까? 누군가 나에게 보내준 식물이 하나 있었는데 나는 그것이 정원에 놓을 만한 가치가 있다는 생각이 거의 들지 않았습니다. 심지어는 나는 그 식물이 죽은 줄 알았습니다. 그렇지만 나는 그것을 정원에 두었고 얼마간 시간이 지나자 마침내 싹이 돋아나고 꽃이 피었습니다. 그 꽃은 그다지 예쁘지는 않았습니다. 그래서 그 꽃을 사람들에게 별로 보여주고 싶지 않았습니다. 그렇지만 그 꽃에서 나는 향기를 맡지 않았다면 당신은 그 꽃을 만지고 싶은 마음을 갖지 않았을 것입니다. 그런데 사람들이 그 꽃을 만지고 또 누를수록 더 감미로운 향이 풍겨났습니다. 그 꽃과 같은 크리스천들이 더러 있습니다. 만일 여러분이 그들의 집에 가면 특별한 것을 볼 수 없고, 장식품도, 꾸민 것도 없습니다. 어쩌면 그 집은 가난한 크리스천 여성의 집일 수 있습니다. 당신이 그 집을 떠나고, 하루 종일 당신 주위에 감미로운 것들이 배어 있는 것을 느낄 수 있습니다. 그런데 당신은 그것이 어디서 왔는지 알지 못해 궁금해 할 뿐입니다. 그 향내는 그 사랑스러운 꽃에서 나온 것입니다. 어쩌면 세상은 그녀를 별로 칭송하지 않았을 것입니다. 그녀는 강단에 서서 설교한 적도 없습니다. 그녀는 결코 어떤 웅변이나 말의 기술을 보여준 적이 없습니다. 다만 당신은 그녀와 사귐을 나누었고, 당신은 그녀 속에 있던 감미로움을 조금 묻혀서 나왔을 뿐입니다.

내가 소년이었을 때 이런 일이 있었습니다. 한 친구를 방문하곤 했는데, 그 친구는 나에게 "어머니를 위해 장미꽃을 집에 가져가지 않을래?"라고 말하곤 했습니다. 나는 "아니, 쐐기풀을 가져갈 거야"라고 말했습니다. 나의 어머니는 봄에 마실 음료를 만들기 위해 쐐기풀을 집에 가져오셔서 끓이곤 했습니다. 그래서 나는 쐐기풀을 가져간다고 말했습니다. 우리는 함께 쐐기풀을 가지러 가서, 쐐기풀에 자주 쏘이곤 했습니다. 우리가 기차를 타고 집으로 가고 있을 때, 한 할머니가 와서 "어머나, 이건 쐐기풀이 아니니!"라고 말했습니다. 어떤 크리스천들에게 이런 일이 일어나곤 합니다. 그들은 장미를 가지고 다니길 바라지만, 실상은 쐐기풀을 가방에 넣고 다닙니다. 혹시라도 그것을 만지는 사람은 가시에 찔리는 봉변을 당하곤 합니다. 욕이라도 튀어나오게 되면 끔찍한 일이긴 하지만, 우리 중 어떤 사람들은 그런 것을 당연한 일처럼 받아들이기도 합니다. 우리 크리스천들은 사람들을 찌르는 일을 해선 안됩니다. 여러분, 장미를 가지고 다니는 일은 쐐기풀을 가지고 다니는 일만큼 그리 어렵지 않습니다. 이제 쐐기풀을 버리고 장미를 가지고 다닙시다. 남을 찌르는 사람이 아니라 감미로운 향내를 풍기는 크리스천이 됩시다.

"그가 누울 때에 너는 그가 눕는 곳을 알았다가 들어가서 그의 발치 이불을 들고 거기 누우라 그가 네 할 일을 네게 알게 하리라 하니 룻이 시어머니에게 이르되 어머니의 말씀대로 내가 다 행하리이다 하니라."(4-5절)

성경이 말하는 대로, 그대로 순종하는 룻과 같은 사람들이 더 많았으면 좋겠습니다. 룻이 마침내 안식에 들어가게 된 것은 참으로 복된 일입니다. 마태복음 11장 28-29절은 두 가지 안식을 말하고 있습니다. "수고하고 무거운 짐 진 자들아 다 내게로 오라 내가 너희를 쉬게 하리라." 이것은 죄인을 위한 안식입니다. "나의 멍에를 메고 내게 배우라 그리하면 너희 마음이 쉼을 얻으리라." 이것은 앞의 것보다 더 차원 높은 안식을 가리키며, 이러한 안식은 오직 예수님의 멍에를 메고 또한 예수에게서 배우는 사람에게만 주어집니다.

이제 7절을 보면 우리는 매우 감미로운 표현을 볼 수 있습니다. "보아스가 먹고 마시고 마음이 즐거워"졌습니다. 그 이유를 아십니까? 먹고 마시는 것은 만족을 의미합니다. 그는 아주 만족했습니다. 왕겨가 바람에 날아갔기에, 그는 남은 것에 만족할 수 있었습니다. "그가 자기 영혼의 수고한 것을 보고 만족하게 여길

것이라."(사 53:11) 그리스도는 머지않아 추수의 끝 날에, 교회를 보고서 만족하게 될 것입니다. 추수가 끝나고 보리타작이 끝나게 되면, 주인님은 행복감을 누리게 될 것입니다. 이제 보아스는 이렇게 말했습니다.

"이 밤에 여기서 머무르라 아침에 그가 기업 무를 자의 책임을 네게 이행하려 하면 좋으니 그가 그 기업 무를 자의 책임을 행할 것이니라 만일 그가 기업 무를 자의 책임을 네게 이행하기를 기뻐하지 아니하면 여호와께서 살아 계심을 두고 맹세하노니 내가 기업 무를 자의 책임을 네게 이행하리라 아침까지 누워 있을지니라 하는지라."(13절)

"아침까지 누워 있으라." 이 감미로운 충고입니까!

룻기 2장에서 우리는 "룻이 밭에서 저녁까지 줍고"(17절)라는 구절을 읽었습니다. 이제 룻이 보아스의 발아래에 있으니, 이 얼마나 대조적인 그림인가요! 이 두 구절을 함께 모으면, 여기 이 땅에서 크리스천들이 감당해야 하는 사역을 보여줍니다. "저녁까지 이삭을 줍다" 그리고 "아침까지 누워 있다" 입니다. 교회에게 아침이 되는 것은 세상에겐 밤이 될 것입니다. 주인님의 발아래에서 안식했던 사람들이 가장 중요한 일을 하게 될 것입니다.

"보아스가 이르되 네 겉옷을 가져다가 그것을 펴서 잡으라 하매 그것을 펴서 잡으니 보리를 여섯 번 되어 룻에게 지워 주고

성읍으로 들어가니라."(15절)

룻이 안식을 위해 무엇을 얻었는지를 주목하시기 바랍니다. 그녀는 이삭을 줍는 일을 할 때보다 더 많은 것을 얻었습니다. 이전에 그녀는 보리 한 에바 정도와 지푸라기를 얻었을 뿐이었습니다. 종이 그녀에게 그런 것을 주었지만, 보아스는 결코 지푸라기를 준 일이 없었습니다. 보아스가 룻에게 준 것은 보리였습니다. 타작할 필요가 없었습니다. 이미 타작을 끝낸 것이었습니다. 만일 당신이 주인님을 믿고 또한 그분을 위해 일한다면, 당신은 10년 동안 당신 자신을 위해 일했을 때보다 5분 안에 더 많은 것을 얻을 수 있습니다.

룻은 보리 여섯 되를 받았습니다. 어째서 일곱 번이 아닐까요? 7은 완전 또는 완벽을 의미하는 숫자입니다. 그 이유를 말씀드리겠습니다. 보아스는 아침에 그녀에게 일곱 되를 주려고 했습니다. 여러분도 알다시피, 완전한 것은 보아스 자신이었습니다. 여기 이 세상엔 완전한 것이란 없습니다. 심지어 주인님도 지금은 우리에게 완전한 것을 주지 못합니다. 하지만 아침이 오면 우리는 그분을 소유하게 될 것입니다! 그분이 없으면 완전한 것은 없고, 완벽한 것도 없습니다. 보아스가 보리를 룻에게 주었을 때에, 그는 보리의 되를 세었습니다. 하지만 이후에 그녀가 보아스를 얻게 되었을 때에, 그녀는 무게를 달아보는 일 없이 모든 보리를 소유하게 되었습니다. 오늘날 우리가 누리는 축복은 셈을 세는 과정을 거치고 있지만, 아침이 되면 우리는 모두 복을 얻게 될 것입니다.

"룻이 시어머니에게 가니 그가 이르되 내 딸아 어떻게 되었느냐 하니 룻이 그 사람이 자기에게 행한 것을 다 알리고 이르되 그가 내게 이 보리를 여섯 번 되어 주며 이르기를 빈 손으로 네 시어머니에게 가지 말라 하더이다 하니라."(16-17절)

만일 룻이 보아스 앞에서 빈손으로 집으로 돌아갔다면, 그것은 정말 그녀에게 수치스러운 일이 되었을 것입니다. 우리 또한 빈손으로 있을 이유가 없습니다. 그럼에도 우리는 가끔 빈손 상태로 있을 수밖에 없습니다! 우리는 침묵해야 할 때 오히려 말을 합니다. 그러한 말들은 한가로운 잡담일 뿐, 아무 의미가 없을 수 있습니다. 우리는 바울이 했던 것처럼 구원자에 대해서 명확하고 논리적으로 이야기할 수 있지만, 여전히 공허할 수도 있습니다. 그 이유를 아십니까? 왜냐하면 우리는 주인님의 발 아래 앉아있지 않았기 때문입니다. 주인님에게 와서 그분을 신뢰하는 사람은 빈손으로 돌아가지 않을 것입니다. 우리가 증언하는 많은 말들이 쓸모없는 이유는 우리가 그리스도의 발 아래로 가서 그분을 배우는 대신에 우리 자신이나 우리 뇌의 능력을 의지하거나 아니면 종교 서적이나 또는 우리가 가지고 있는 지식을 믿고 있기 때문입니다. 만일 여러분이 오늘 주인님의 발 아래서 시간을 보낸다면, 여러분은 내일 가장 위대한 날을 맞이하게 될 것입니다. 그 차이는 당신 손에 신령한 복이 가득 하거나 아니면 빈 손이거나, 둘 중 하나로 나타나게 될 것입니다.

얼마 전에 뉴욕에 있었는데, 한 친구가 나에게 말하길, 그가 죄의 삶에서 구출된 한 소녀와 이야기를 나누는 모임에 있었다고 했습니다. 그는 어떻게 크리스천이 되었는지 그녀에게 물었습니다. 그녀는 그에게 자신이 한때 뉴욕의 더러운 소굴 중 하나인 곳에서 살았던 이야기를 해주었습니다. 그녀가 그곳에서 병에 걸리자 모든 사람들에게 무시를 당하게 되었습니다. 그런데 어느 날 문을 두드리는 소리가 나더니 한 젊은 여자가 방으로 들어왔습니다. 그녀는 상황을 살피고 나서, 병을 앓고 있는 소녀에게 말했습니다. '내가 침대를 똑바로 놓아두고, 바닥을 쓸고, 불을 붙여 주어도 될까요?' 그래서 그렇게 하라고 허락했다고 말했습니다. 그리고 나중에 말하길, "그 여자는 나에게 친절하게 대해 주었고, 성경 구절을 몇 마디 이야기해 주었으며, 떠날 때에는 '몸조리 잘 하세요'라고 했습니다. 그러나 나는 그녀의 말에 조금도 감동을 느끼지 못했습니다. 그녀는 그 다음날도, 또 그 다음날에도 왔습니다. 그녀는 매우 친절했습니다. 그녀는 나에게 음식을 가져다주었고, 그녀가 할 수 있는 모든 것을 했습니다. 그녀는 나에게 성경 본문을 말해주지 않고 떠나가는 일이 없었지만, 그럼에도 아무런 인상도 주지 못했습니다."

"어느 날 그녀가 와서 내 방을 정돈하고, 내 침대를 정돈해주었습니다. 그녀가 막 떠나려 할 때, 그녀는 침대 옆으로 와서, 나를 바라보았습니다. 그녀는 내 이마에 손을 얹고서, '하나님이 복을 주시길, 이 소녀에게 하나님의 은총이 있기를!'이라고 말하면서 허리를 굽혀 나에게 키스를 했습니다. 내 마음을 열어준 것은 그 키스였습니다."

이 젊은 여성은 그 때 그녀의 주인님의 영으로 가득 차게 되었고, 결과적으로 그녀의 영혼은 밀을 까부르듯 하여 영혼을 덮고 있던 왕겨가 떨어져나갔으며, 이로써 그 가련한 영혼은 구원을 받을 수 있었습니다.

형제자매 여러분, 주인님 앞에 머물다가 여러분의 일을 하러 가십시오. 그분이 여러분에게 되로 세어서 주는 보리를 가지고 가십시오. 하나님께 감사하게도, 그분은 여러분에게 여섯 되를 주실 것입니다. 그것을 가져다가 굶주린 사람과 죽어가는 사람에게 주십시오. 그리하면 그분께서 당신에게 복을 주실 것입니다. 주 예수 그리스도께서 우리가 되기를 바라시는 대로 되고, 또한 오로지 주 예수 그리스도께서 우리에게 원하시는 일을 우리가 할 때에만 우리는 행복하게 될 것입니다. 주인님께서 여러분의 영혼에 보내시는 이 단순한 메시지를 축복하시길 바랍니다!

4. 보상을 받는 룻

우리는 보아스가 3장에서 룻에게 말하길, 아침에 그녀에 대해서 우선적으로 기업을 무를 권리를 가진 사람, 즉 자신보다 더 가까운 친족과 의논할 것이라고 말하는 것을 볼 수 있습니다. 그리고 마침내 아침이 왔습니다. 그래서 보아스는 성문으로 올라 갔는데, 첫 번째 친족이 길을 가고 있었습니다. 보아스가 그에게 말하길, "아무개여 이리로 와서 앉으라"고 했습니다. 그리고 나서 우리는 2절에서 보아스가 취한 행동을 볼 수 있습니다.

"보아스가 그 성읍 장로 열 명을 청하여 이르되 당신들은 여기 앉으라 하니 그들이 앉으매."

여러분은 여기서 해결해야 할 세 가지 문제가 있음을 볼 수 있습니다.

첫 번째, 구속할 권리가 있는 친족이 있는가? 두 번째, 구속할 수 있는 친족이 있는가? 그리고 세 번째, 기꺼이 구속하고자 하는 친족이 있는가?입니다.

이 세 가지가 반드시 해결되어야 하는 문제였습니다.

무엇보다 우선적으로 그 남자에겐 권리가 있어야 했습니다. 당신이나 내가 로스차일드 남작만큼 부자일 수도 있지만, 우리는 친족이 아니기 때문에 그 가문의 유산을 구속할 수 없습니다. 그래서 주 예수 그리스도께서 우리를 구속할 수 있는 친족이 되기 위해 사람이 되실 필요가 있었던 것입니다. 오직 인간만이 인간을 구속할 수 있는 권리가 있기 때문입니다.

그리고 다음으로 해결해야 할 것은, 그가 구속할 수 있는 능력이 있는가? 였습니다. 만일 보아스가 부자가 아니라 가난한 사람이었다고 가정해보면, 그는 권리가 있었을 것이고, 그는 유산을 구속하고 싶었을 것이지만, 그럼에도 그렇게 할 정도로 재산이 없었다고 할 것 같으면, 유산을 되찾아 오는 일은 불가능했을 것입니다. 하지만 우리는 그가 "엄청난 재산가"였음을 알고 있습니다. 그렇기 때문에 그는 권리뿐만 아니라 구속할 수 있는 능력도 가지고 있었습니다.

그렇다면 이제 구속자의 의지 문제를 살펴보겠습니다. 그는 권리를 가지고 있었고, 그 방법도 알고 있었지만, 그럼에도 만일 그가 그럴 마음이 없었다면, 지구상에 있는 그 어떤 것도 보아스로 하여금 유산을 되찾고 불쌍한 룻을 구속하는 일을 하도록 할 수 없을 것입니다. 그런 것이 바로 우리가 성경에서 그리스도의 사랑을 그토록 많이 볼 수 있는 이유입니다. 우리를 구속하는 일의 동기는 그저 연민이 아니었습니다. 연민 그 이상의 것이 필요했습니다. 그것은 그저 동정심도 아니었습니다. 동정심 그 이상의 것이 필요했습니다. 우리의 구원자이자 구속자가 되기 위해서는 바로 그리스도의 사랑이 필요했습니다.

이제 두 친족이 거기에 서 있었고, 열 명의 장로들이 증인으로 참여하고 있습니다. 보아스가 그 첫 번째 친족에게 말했습니다. "엘리멜렉의 소유지가 있는데, 나오미가 그것을 팔고자 한다. 그대는 그 땅을 구속하고자 하는가?" 그러자 그는 "그리 하겠소"라고 대답했습니다. 그러자 보아스는 "그렇다면, 그 땅 외에도 모압 여인 룻이 있소. 그대는 땅과 더불어 그녀 또한 데려가야 하오. 그리 하겠소?"라고 말했습니다. 그러자 그는 "나는 그녀를 데려갈 수 없소. 땅은 도로 찾고 싶지만, 그녀하곤 관련 짓고 싶지 않소"라고 말했습니다.

첫 번째 친족이 룻을 구속하길 원치 않았지만, 둘 사이에 충돌이 있는 것은 아니었습니다. 둘은 서로를 적대적으로 대하고 있지 않았습니다.

"그 기업 무를 자가 이르되 나는 내 기업에 손해가 있을까 하여 나를 위하여 무르지 못하노니 내가 무를 것을 네가 무르라 나는 무르지 못하겠노라 하는지라."(6절)

율법과 은총 사이엔 엄청난 차이점이 있긴 하지만, 서로 적대적이지 않다는 사실로 인해서 하나님께 감사를 드립니다. 하나님의 정의와 하나님의 사랑은 그저 평행선을 달릴 뿐입니다.

그 다음으로 보아스가 한 일은, 모든 백성들을 불러 모아놓고 이 가련한 이방 소녀를 값을 주고 사서 자신의 아내로 맞이하는 일이었습니다. 그는 사람들을 증인으로 삼아, 그녀에게 탈곡한 옥수수를 주고자 했던 것인가요? 아닙니다. 그저 한 다발의 보리를 주고자 했던 것인가요? 아닙니다. 아침이 왔고 그는 그녀에게 한 약속을 이행하고자 했던 것입니다. 룻은 그가 자신에게 말한 모든 것을 행했습니다. 처음부터 끝까지 우리는 룻이 순종의 길에 있었다는 것을 알고 있습니다. 그래서 그녀는 항상 만족했습니다. 지구상에서 가장 불만이 많은 사람들이 있다면, 그들은 바로 그리스도의 명령에 순종하지 않는 크리스천들입니다. 그들은 쾌락을 추구하지만, 그것을 얻을 수 없습니다. 그들은 기쁨을 찾아 세상으로 나갑니다. 사랑하는 여러분들이여, 이 세상에는 한 번도 꽃을 피워보지 못한 식물이 있는데, 그것은 바로 기쁨의 식물이요, 행복의 식물입니다. 그 식물은 주인님이 계신 곳에서만 자라고, 세상에서는 전혀 자랄 수 없습니다. 그것이 바로 이 세상에 있는 어느 누구도 만족을 느낄 수 없는 이유입니다.

그들은 계절의 시작부터 끝까지, 그리고 하나의 계절이 가고 또 다른 계절이 올 때까지 여전히 부푼 가슴으로 기다리고 또 기다리지만 결코 만족을 만날 수 없습니다. 만족은 오로지 그리스도 안에서만 찾을 수 있습니다. 만족을 누리는 것은 여러분이 어디에 있느냐에 달렸습니다. 혹시라도 여러분이 오늘 온 세상을 여러분의 발 아래 두었지만 그리스도를 얻지 못했다면, 여러분은 만족하지 못할 것입니다. 그리고 만일 여러분이 그리스도를 소유했지만 순종의 길을 걷고 있지 않다면, 여러분은 여전히 가장 비참한 사람이 될 것입니다.

그러나 아침이 왔고, 룻은 보아스가 그녀를 위해 준비한 축복의 충만함을 얻게 될 것입니다. 그것은 무엇이었을까요? 보아스가 소유하고 있는 밭 중 하나일까요? 아닙니다. 그런 것이 아닙니다. 보아스의 사유지에 있는 아름다운 오두막 하나일까요? 그런 것이 아닙니다. 얼마나 많은 크리스천들이 "나는 천국의 많은 저택들 중 하나를 얻으면 무척 기쁠 것 같아. 나는 기꺼이 그 문 안으로 들어갈 거야"라는 말을 하는지 모릅니다. 하지만 그런 것은 룻을 만족시킬 수 없었습니다. 룻은 보아스가 준 것은 다 가져갔습니다. 만일 그것이 그저 "한 손 가득한 축복"이었다면, 그녀는 그것을 가지고 있었습니다. 하지만 이제 보아스는 그녀에게 자신을 주려는 것이었습니다. 그러므로 믿음이란 여호와께서 주시는 모든 것을 취하는 것입니다. 가장 큰 선물은 그분 자신입니다.

마침내 아침이 왔습니다. 이제 보아스가 하는 일에 주목하십시오. 그는 세상에서 1원도 없는 가난한 이방 소녀를 세우고, 모든 사람들 앞에서 이렇게 말했습니다.

"모압 여인 룻을 사서 나의 아내로 맞이하고 … 너희가 오늘 증인이 되었느니라."(10절)

이스라엘 땅에서 가장 부자인 사람이 한 거지 소녀를 앞에 세워놓고 말하기를, "내가 그 여자를 사서 아내로 삼노라!"고 했던 것입니다.

교회의 소망은 무엇일까요? 여러분의 소망은 무엇입니까? 천국의 화려한 저택인가요? 하나님께 감사합시다. 저택보다 더 좋

제1장 모압 여인 룻 77

은 것이 있습니다. 황금 거리와 벽옥으로 두른 성벽인가요? 아닙니다! 우리의 소망은 찬송 받으실 주인님이십니다! 은혜는 우리에게 저택을 주고 아름다운 집을 내어주는 것으로 결코 만족할 수 없습니다. 그리스도께서는 "나를 사랑하사 나를 위하여 자기 자신을 버리신"(갈 2:20) 그분 자신을 주실 것입니다.

우리의 복되신 주님이 다시 돌아오는 사건을 묘사하고 있는 성경의 몇 구절을 살펴보겠습니다. 이 주제는 우리를 바로 룻기의 그 현장으로 인도해줄 것입니다. 아침은 반드시 올 것이고, 그렇게 길어지지는 않을 것입니다. 나는 교회가 지금 거의 동이 트기 직전에 있다고 생각합니다. 세상의 상태를 보면, 하나님의 아들께서 다시 돌아오실 때가 매우 가깝다는 생각이 듭니다. 이런 말을 한다고 해서 여러분은 놀라지 않아도 됩니다. 나는 인이 떼어지고, 나팔이 울리고, 대접이 땅에 쏟아지는 것에 대해서 말씀드리려는 것이 아닙니다. 나는 이런 것들을 스스로 깨우칠 만한 영력이 없기 때문에, 이런 것들에 대해선 언급하지 않을 것입니다. 하나님께 감사하게도, 하나님은 그분의 말씀을 통해서 우리에게 매우 단순한 계시를 주셨는데, 그것은 하나님의 아들께서 오실 때 그분의 교회를 하늘로 영접하실 것이란 사실입니다.

요한복음 14장을 보겠습니다. 요한복음은 내가 네 개의 복음서에서, 구주께서 자신의 재림을 말씀하시는 것을 가장 먼저 찾아보았던 곳입니다. 이 주제를 공부해본 사람들은 두 가지를 마음에 새겼을 것입니다. 그것은 여러분들에게 많은 도움을 줄 것입니다. 여러분이 읽은 성경 본문을 보면 "여호와의 날"이라는 구절을 볼 수 있을 것인데, 이 날은 교회를 위해 오시는 주 예수 그리스도의 오심을 가리키고 있지 않습니다. 만일 여러분이 이 사야서 4장을 시작으로 해서 구약성경을 쭉 읽어가다 보면 거의 모든 선지자들이 "여호와의 날"을 언급하고 있음을 발견할 수 있을 것입니다. 신약성경에서도 이 문구를 추적해 보면, 여러분은 그 "여호와의 날"이 곧 "주의 날"로서, 유대인들을 박해한 이방나라들에게 주 예수 그리스도께서 심판하시는 날을 가리킨다는 것을 곧 알게 될 것입니다. 여러분은 그리스도의 재림이 교회의 소망 외에는 다른 아무 것과도 연결되어 있지 않다는 것을 발견하게 될 것입니다. 사람들은 항상 주님의 오심을 심판과 연관시키는 경향이 있습니다. 나는 여러분에게 놀랄만한 사실을 말씀드리겠습니다. 즉 이 세대에서 주 예수 그리스도를 믿는 사람 중에 단 한 사람도 심판을 받지 않을 것입니다. 우리는 그리스도의 심판석에 서게 될 것이지만, 죄를 묻는 심판은 아닙니다. "성도가 세상을 판단할 것을 너희가 알지 못하느냐?" (고전 6:2) 심판하는 것과 심판을 받는 것 사이엔 엄청난 차이점이 있습니다.

이제 요한복음 13장을 보겠습니다. 주 예수 그리스도께서는 세상을 떠나가실 때가 되었기에 제자들을 불러 모으셔서, 그들에게 몇 가지 비밀을 말씀하고자 하셨습니다. 그리고 먼저, 주님은 그들에게 발을 씻어야 한다고 말씀하셨습니다. 그리고 또 다른 것은, 그들이 서로 사랑해야 한다는 것이었습니다. 이런 말씀을 하신 것은 주인님께서 다시 돌아오실 것에 대해선 아무 말씀도 하시기 전이었습니다.

이어서 요한복음 14장을 보면, 주님은 "너희는 마음에 근심하지 말라(Let not your heart be troubled)"(1절)고 말씀하셨습니다. 주님은 여기서 복수형을 사용해서 "your hearts"라고 말씀하시지 않고, 단수형을 사용해서 "your heart"라고 말씀하셨습니다. 하나님은 이러한 언어 사용에 대해서 어떠한 실수도 하지 않으셨습니다. 여러분이나 나는 이 구절을 "나의 마음"에 대한 것으로 읽어선 아니 됩니다. 거기엔 제자들 중 11명이 있었습니다. 주님은 어째서 마음을 언급하신 걸까요? 왜냐하면 그들은 발을 씻었고 서로를 사랑하며, 또한 그들은 모두 하나의 마음이 되었기 때문입니다. "내가 너희를 위하여 거처를 예비하러 가노니 가서 너희를 위하여 거처를 예비하면 내가 다시 와서 너희를 내게로 영접하여 나 있는 곳에 너희도 있게 하리라."(2,3절) 나는 여러분이 "영접하여(receive)"라는 작은 단어에 주목해 주셨으면 합니다. 내가 너희를 데리러 가는 것이 아니라, 너희를 영접하러 가는 것(I am coming to take you, but to receive you)입니다.

나는 전에 아일랜드에서 이 구절을 인용한 적이 있었는데, 그곳 사람들은 성경을 많이 읽는 사람들로 유명했습니다. 숙녀 한 분이 나에게 와서 그리스도께서 제자들을 자기가 있는 곳으로 데려가신다는 말씀이 어디 있는지 알려 달라고 요청을 했습니다. 그래서 나는 이 구절을 가리키면서 읽기를, "내가 다시 와서 너희를 내게로 영접하여(I will come again, and receive you unto myself) 나 있는 곳에 너희도 있게 하리라"고 읽었습니다. "당신은 지금 데리러 가다(take)는 뜻으로 읽으셨네요. 데리고 가는(take) 것이 아니라 영접하는(receive) 것입니다!"

여기엔 배워야 할 놀라운 교훈이 있습니다. 만일 내가 무언가를 받으려면(receive) 누군가로부터 그것을 넘겨받아야(receive) 합니다. 그래서 내가 보기에는, 주 예수 그리스도께서 다시 돌아오실 때 성령께서 교회를 취하셔서(takes) 교회를 주님께 넘겨드리는 것 같습니다.

자, 어떤 사람들은 이렇게 말합니다. "나는 그리스도의 다시 오심을 믿습니다. 왜냐하면 성경이 그것을 가르치고 있다는 사실을 부정할 수 없기 때문이죠." 하지만 그들은 그리스도의 개인적인 방문을 설명하려고 애쓰고 있습니다. 그들이 말하기를 "그래요. 주 예수 그리스도께서는 자신이 다시 돌아오신다고 말씀하셨지만, 그것은 우리가 죽을 때 일어나는 일이잖아요." 그렇지 않습니다. 나는 이 점을 여러분에게 충분히 증명할 수 있다고 생각합니다. 죽음은 주 예수 그리스도의 원수입니다. 죽음은 교회의 원수입니다. 죽음은 결코 우리의 친구가 아닐뿐더러, 우리 주님은 주님 자신을 대신하여 우리 원수를 보내지 않으실 것입니다.

우리 주님은 "내가 다시 와서"라고 말씀하셨습니다. 그러자 어떤 사람들은 "오, 그래요. 하지만 그리스도는 티투스 황제가 예루살렘에 오는 것을 의미했을 뿐이에요. 그것이 바로 주님이 오신다는 의미였어요"라고 말합니다. 그처럼 오랜 이교도 우상 숭배자가 그리스도라니요! 말이 되지 않습니다. 그런데 또 다른 사람들은 말합니다. "그렇다면 그것은 이런 뜻일거에요. 즉 복음이 점진적으로 전 세계에 전파되는 것을 가리키는 것입니다. 복음이 전파되어야 하고, 사람들이 구원을 받아야 하잖아요. 그렇다면 그것은 그리스도의 영적인 방문을 의미할 수밖에 없습니다." 아닙니다. 주님이 다시 오신다는 것은 그런 뜻이 결코 아닙니다. 여러분이 만일 마태복음의 처음시작 부분부터 요한계시록의 마지막 부분까지 직접 읽어보면, 복음 전파로 인해서 세상이 점점 더 좋아지고, 점점 더 살기 좋은 곳으로 변할 것이라고 말하는 곳을 결코 찾을 수 없을 것입니다. 단 한 곳도 발견할 수 없을 것입니다. 반면 성경은 우리에게 세상이 점점 더 나빠질 것이고, 점점 더 살기 힘들어질 것이라고 말하고 있습니다! 주 예수 그리스도께서 자신의 교회를 불러 모으고 있으며, 친히 선택한 사람들을 다 모은 후에, 다시 돌아와서 교회를 데리고 가실 것이지만, 반면 세상은 지금처럼 죄와 죄악 속에서 남겨지게 될 것입니다.

그러자 그들이 말하길, "글쎄요. 그 구절은 내가 회심할 때에 주님이 내 영혼에 들어오신다는 것을 의미하는 것으로 보이네요. 주님이 오신다는 뜻은 그런 뜻입니다"라고 대답하는 것이었습니다. 물론 사도 바울도 "그리스도께서 내 안에 사신다"고 말했고, 그는 회심한 후에 그렇게 쓸 수 있었습니다. 그러나 바울이 장차 주님이 다시 오실 것에 대해서 말하기 시작한 것은 회심

이후였습니다. 만일 주의 오심이 바울의 회심 때에 이루어진 것이라면, 바울은 그리스도의 재림을 미래적인 사건으로 말할 수 없었을 것입니다. 그러나 그는 그렇게 말하지 않았고, 더군다나 그런 뜻일 수도 없습니다. 여러분의 아들이 지금 이국땅에 있다고 해봅시다. 그는 여러분에게 이렇게 편지를 씁니다. "친애하는 어머니, 저는 다음 배를 타고 돌아올 것입니다. 모든 것이 잘 되었으니, 저는 며칠 후면 집에 도착하게 될 것입니다." 여러분은 누가 돌아올 것으로 예상하십니까? 그의 영인가요? 여러분의 심장을 둘러싸고서 아무런 감정적인 반응도 일어나지 않는다구요? 당신의 아들이 돌아오는데도 말입니까? 그럴 순 없습니다! 마차가 당신의 집 문앞까지만 와도 당신은 그 마차에서 당신의 아들이 튀어나올 것처럼 기대하고 있을 것입니다. 다른 사람이 아니라 바로 당신의 아들입니다. 마찬가지로 그리스도께서 "내가 다시 오리라"고 말씀하셨을 때, 그것은 그분 자신을 의미했을 뿐입니다. 주님은 그저 영혼이나 어떤 영향력을 의미하신 것이 아니었습니다. 주님은 다른 누군가를 의미했던 것이 아니라 자기 자신을 의미했습니다.

이제 사도행전 1장 9-11절을 보겠습니다.

"이 말씀을 마치시고 그들이 보는데 올려져 가시니 구름이 그를 가리어 보이지 않게 하더라 올라가실 때에 제자들이 자세히 하늘을 쳐다보고 있는데 흰 옷 입은 두 사람이 그들 곁에 서서 이르되 갈릴리 사람들아 어찌하여 서서 하늘을 쳐다보느냐 너희 가운데서 하늘로 올려지신 이 예수는 하늘로 가심을 본 그대로 오시리라 하였느니라."

이 구절은 주 예수 그리스도의 재림과 관련해서 매우 중요한 내용을 말씀하고 있기 때문에 우리는 이 구절을 자세히 살펴보아야 합니다. "너희 가운데서 하늘로 올려지신 이 예수는 하늘로 가심을 본 그대로 오시리라."

이 천사들은 성경주석을 쓰는 사람들보다 예수님의 뜻을 훨씬 더 잘 이해했습니다. 그들은 하늘에서 내려와서, "하늘로 올려지신 이 예수는 하늘로 가심을 본 그대로 오시리라"고 우리에게 말해주었습니다. 주 예수님은 어떻게 가셨습니까? 누가복음 마지막 장을 보면, 우리는 주님이 어떻게 하늘로 올라 가셨는지를 볼 수 있습니다. 39절을 보겠습니다. "내 손과 발을 보고 나인 줄 알라 또 나를 만져 보라 영은 살과 뼈가 없으되 너희 보는 바와 같이 나는 있느니라." 그렇습니다. 하늘로 가신 것은 영이 아니라, 십자가에서 죽으셨고, 무덤에서 부활하신 예수님이셨습니다.

"예수께서 그들을 데리고 베다니 앞까지 나가사 손을 들어 그들에게 축복하시더니 축복하실 때에 그들을 떠나 [하늘로 올려지시니]."(50,51절)

이 얼마나 멋진 광경입니까! 나는 주님이 어째서 베다니에 가셨는지 궁금해하곤 했습니다. 주 예수 그리스도께서 이 땅에 계실 때, 그분은 많은 친구들을 사귀지는 않았습니다. 예수님에게 자기들의 집에서 주무시라고 청하는 부유한 바리새인들은 그리 많지 않았습니다.

그러나 베다니에는 마르다와 마리아라는 두 자매가 그들의 오라버니 나사로와 함께 살고 있었습니다. 예수께서 그곳에 가실 때마다, 언제든지 환영을 받았습니다. 그들은 항상 예수님을 자신들의 초라한 집에 모시는 것을 기쁨으로 여겼습니다. 이제 주님이 떠나려 하고 있었습니다. 그리고 여러분이 아시다시피, 먼 곳으로 떠나갈 때, 여러분은 항상 특별한 친구들에게 작별 인사를 하기 위해 그들을 만나러 가지 않습니까? 그래서 나는 그런 이유로 주님이 베다니로 가셨다고 생각합니다. 성경에 그런 언급은 없지만, 나의 의견은 그렇습니다. 다만 나사로, 마르다, 그리고 마리아에게 작별 인사를 하고, 자신이 아버지께 돌아가셔야만 한다고 그들에게 말해 주려고 하셨던 것이며, 주님은 머지 않아 그들을 위해 다시 돌아오실 것입니다.

"예수께서 그들을 데리고 베다니 앞까지 나가사 손을 들어 그들에게 축복하시더니."(50절)

사랑하는 구세주의 입에서 나온 마지막 말씀은 자신의 교회를 축복하는 말이었습니다. 그리고 주님은 동일한 방식으로 다시 오실 것입니다. 즉 자신의 교회를 저주하는 것이 아니라 교회를 축복하기 위해 오실 것입니다. "손을 들어 그들에게 축복하시더니."(50절) 그렇습니다. 그들이 마지막으로 본 것은 구멍 뚫린 두 손이었습니다. 주님은 마치 이렇게 말씀하시는 듯 했습니다. "베드로와 야고보와 요한과 나다나엘아, 내가 너를 위하여 십자가에 못 박혔다는 것을 잊지 말아라. 못이 내 손과 발을 뚫었고 또 창이 내 옆구리를 뚫었다는 것을 잊지 말아라. 너희는 무슨 일을 하든지, 세상과는 거리를 두어라. 왜냐하면 세상이 나를 죽였기 때문이니라. 세상이 주는 쾌락과 죄악과 어리석음을 위해 살지 말고, 나와서 따로 있어라." 오, 여러분들이여, 만일 하나님의 아들께서 오늘 오신다면, 그분이 여러분을 세상 속에서 찾으셔야 할까요? 여러분은 세상의 갈채를 받는 일에 신경을 쓰고 있습니까? 세상은 공허한 거품일 뿐입니다. 여러분도 이미 그것을 알고 있고 또한 경험하고 있습니다. 주인님께서 마지막으로 여러분에게 하시는 말씀은, "나는 너희를 위해 십자가에 못 박혔고, 너희를 하늘로 데리고 갈 뿐만 아니라, 이 현재 악한 세상에서 너희를 해방시키고자 십자가에 달렸노라"는 것입니다. 하나님께서 자신의 교회를 세상과 분리시켜 주시고 또한 하나님을 위해 살 수 있도록 도와주시기를 바랍니다!

이제 고린도후서 5장 1-6절로 가서, 우리 주님의 재림과 관련된 또 다른 황홀한 생각을 살펴보겠습니다.

"만일 땅에 있는 우리의 장막 집이 무너지면 하나님께서 지으신 집 곧 손으로 지은 것이 아니요 하늘에 있는 영원한 집이 우리에게 있는 줄 아느니라 참으로 우리가 여기 있어 탄식하며 하늘로부터 오는 우리 처소로 덧입기를 간절히 사모하노라 이렇게 입음은 우리가 벗은 자들로 발견되지 않으려 함이라 참으로 이 장막에 있는 우리가 짐진 것 같이 탄식하는 것은 벗고자 함이 아니요 오히려 덧입고자 함이니 죽을 것이 생명에 삼킨 바 되게 하려 함이라 곧 이것을 우리에게 이루게 하시고 보증으로 성령을 우리에게 주신 이는 하나님이시니라 그러므로 우리가 항상 담대하여 몸으로 있을 때에는 주와 따로 있는 줄을 아노라."

바울은 주인님의 자랑스러운 신하에 불과했습니다. 그는 그의 뇌에 올바른 생각을 가지고 있었고, 그것은 바로 이 세상을 살아갈 때 세상이 줄 수 있는 것보다 심지어 하늘나라에 가는 것보다 더 나은 것을 위해 살아야 한다는 것이었습니다. 이 세상의 보화보다, 심지어 천국보다 더 좋은 것, 바로 주 예수 그리스도였습니다. 사도 바울은 하늘에 있는 대저택에 대해서 별로 이야기하지 않았고, 그저 주님, 오직 주님에 대해서만 이야기하였습니다. 여러분은 이 서신들을 통해서 그 사실을 볼 수 있을 것입니다. 바울의 서신서의 주제는 황금 거리, 아름다운 보좌, 하얀 예복이나 면류관이 아니라 주님 자신이었습니다.

얼마 전에 뉴욕 로체스터에 있을 때, 친구들이 제 작은 딸에게 인형을 보내주고 싶어 했습니다. 저의 딸은 장애가 있고 하반신이 마비된 5살짜리 아이입니다. 그래서 그들은 그 아이를 위해 아주 예쁜 인형을 샀습니다. 나는 딸에게 편지를 썼습니다. "사랑하는 미니야, 나는 너에게 정말 예쁜 인형을 가져다 줄 거야." 미니는 내가 인형을 가지고 가능한 한 빨리 집에 오기를 원한다는 편지를 답장으로 썼습니다. 다른 편지들은 모두 인형에 관한 것이었습니다.

그런데 예상했던 것과는 달리 다른 배를 타고 집에 와야 했기 때문에 인형은 다른 배로 보냈고, 내가 집에 온 지 3-4주가 지나서야 그곳에 도착할 수 있었습니다. 내가 도착했을 때 나는 짐을 풀기 시작했고, 미니는 난로 걸상에 앉아 있었습니다. 그러자 딸아이는 "아빠, 가방을 다 풀기까지 오래 걸릴까요?"라고 말했습니다. 나는 "아니, 그리 오래 걸리지 않을 것 같아"라고 말했습니다. 딸아이가 원하는 것은 오직 인형일 뿐이라고 생각했기 때문에 나는 마음이 흔들리기 시작했으며, 가만히 앉아 있었습니다. 그러자 그 아이는 말하길, "아빠, 제가 짐을 푸는 것을 돕고 싶어요"라고 말했습니다. 그래서 나는 더 이상 숨길 수가 없어서 "음, 미니야. 미안하게 되었다. 사실 내가 네게 줄 인형을 미국에 두고 와야만 하는 일이 생겼단다. 인형을 놓고 왔단다"라고 말했습니다. 잠시 후 그 귀여운 소녀는 예쁜 눈으로 나를 올려다보며 말하길, "아빠, 나는 인형보다 아빠를 갖고 싶어요!"라고 말하는 것이었습니다. 나는 딸아이가 그렇게 말하는 것을 듣고서 얼마나 기뻤는지 말로 다 표현할 수가 없었습니다. 결국 딸아이는 내가 무슨 선물을 주기로 한 것이 아니라 나 자신이 돌아오기만을 기다렸다는 것을 알게 되어 나는 힘이 났습니다. 우리는 우리 주님이 가지고 오실 선물 때문에 주님의 다시 오심을 원하는 것이 아닙니다. 우리는 주님을 사랑하기 때문에 주님의 다시 오심을 원합니다. 우리가 바라고 열망하는 것은 찬송 받으실 우리 주님, 곧 주인님 자신입니다.

이제 빌립보서 3장 20절과 데살로니가전서 1장 9-10절을 보겠습니다.

"그러나 우리의 시민권은 하늘에 있는지라 거기로부터 구원하는 자 곧 주 예수 그리스도를 기다리노니."(빌 3:20)

"그들이 우리에 대하여 스스로 말하기를 우리가 어떻게 너희 가운데에 들어갔는지와 너희가 어떻게 우상을 버리고 하나님께로 돌아와서 살아 계시고 참되신 하나님을 섬기는지와 또 죽은 자들 가운데서 다시 살리신 그의 아들이 하늘로부터 강림하실 것을 너희가 어떻게 기다리는지를 말하니 이는 장래의 노하심에서 우리를 건지시는 예수시니라."(살전 1:9,10)

사도 바울이 편지를 쓴 이 사람들이 당신과 나보다 더 많은 지성을 가지고 있지 않다는 사실을 여러분이 아셨으면 합니다. 사람들은 이 구절이 의미하는 바가 무엇인지 우리는 이해할 수 없다는 말들을 합니다. 어째서 여러분은 우상숭배에서 막 건짐을 받은 이 불쌍한 이교도들이 우리보다 이 구절을 더 잘 이해했다고 생각하시나요? 이 구절을 이해했든 하지 못했든, 그들은 이 구절을 믿었습니다. 마찬가지로 하나님은 우리가 이해하지 못하더라도 우리가 믿기를 원하십니다. 문제는, 이것이 사실인가?입니다. 하나님께서 말씀하셨습니다. 그렇다면 우리가 이해하든 못하든 믿어야 합니다.

나는 때때로 바울이 구주께서 다시 오실 것을 그들에게 다 말하고 또 다시 서신을 쓰면서, "사랑하는 형제들이여, 나는 여러분이 내가 쓴 그 어떤 것도 이해할 수 없다는 것을 압니다. 내 편지를 여러분에게 설명해줄만한 주석서를 한 권 사는 것이 좋을 것 같습니다!"라고 했다면, 과연 데살로니가 교회에 있는 사람들은 무슨 생각을 했을까 하는 생각을 해봅니다. 그들이 뭐라고 말했을 것 같습니까? 그들은 단지 "하나님의 아들이 하늘로부터 강림하실 것을" 기다려야 한다고 믿었습니다. 그리고 그것이 그들이 해야 하는 일이었습니다. 그들은 기다리고 있었습니다. 토론하지도 않았고, 논쟁하지도 않았으며, 다른 의견을 끌어내려고 하지도 않았습니다. 그들은 "우상을 버리고 하나님께로 돌아와서 살아 계시고 참되신 하나님을" 섬겼습니다. 여러분, 주목하시기 바랍니다. 그들은 그저 소파에 누워서 "우리는 주님을 기다리고 있습니다"라고 말하지 않았습니다. 그들은 하나님을 섬겼습니다. 그리스도를 위해 일하는 사람들이야말로 그분의 오심을 진정으로 기다리는 사람들입니다. 당신이 그분을 기다리고 있다면, 당신은 그분을 위해 일할 것입니다. 그 점은 의심의 여지가 없습니다.

"형제들아 자는 자들에 관하여는 너희가 알지 못함을 우리가 원하지 아니하노니 이는 소망 없는 다른 이와 같이 슬퍼하지 않게 하려 함이라 우리가 예수께서 죽으셨다가 다시 살아나심을 믿을진대 이와 같이 예수 안에서 자는 자들도 하나님이 그와 함께 데리고 오시리라."(살전 4:13-14)

"예수 안에서 자는 자들"이라는 말은 참으로 감미로운 말입니다. 자신의 어린 아들이 요람에서 자고 있을 때 두려워하는 엄마는 없습니다. 주님은 우리 사랑하는 사람들을 조용히 쉬게끔 하셨습니다. 그들은 지금 자고 있습니다. 하지만 주님은 머지않아 그들을 깨우고자 오실 것입니다. 이제 사도는 "우리가 주의 말씀으로 너희에게 이것을 말하노니"(15절)라고 말하고 있습니다. 어떤 위대한 주석가의 의견이 아니라, "주의 말씀으로" 말하면서, "주께서 강림하실 때까지 우리 살아 남아 있는 자도 자는 자보다 결코 앞서지 못하리라 주께서 호령과 천사장의 소리와 하나님의 나팔 소리로 친히 하늘로부터 강림하시리니"라고 말하고 있습니다. 누가 하늘로부터 강림하시는 것입니까? 천사들도 아니고, 천사장도 아니고, 허다한 영들도 아니라, 주님이 친히 강림하시는 것입니다.

우리 신랑께서 친히 오실 것입니다. 주님은 다른 누군가를 보내지 않으실 것입니다. "주께서 호령과 … 친히 하늘로부터 강림하시리니."(16절) 즉 승리의 환호성과 함께 오실 것입니다. 그리고 "천사장의 소리"가 있을 것입니다. 우리는 오직 한 군데에서 천사장이 모세의 시체에 관하여 마귀와 다투면서 변론하는 말을 하는 것을 볼 수 있습니다(유 9). 주님은 우리의 몸을 주장하기 위해서 돌아오실 것입니다. 주님은 어떻게 한줌 흙으로 돌아간 시체들을 다시 일으키실까요? 만일 내가 대서양 한가운데서 바다에 던져져서 물고기에게 삼켜졌다고 가정해 봅시다. 주님은 과연 어떻게 내 몸을 일으킬 수 있을까요? 나도 모릅니다. 그리고 나는 신경 쓰지 않습니다. 그건 나의 일이 아닙니다. 다만 주님이 몸을 다시 살리실 것이라고 믿을 뿐입니다. 왜냐하면 주님이 그렇게 말씀하셨기 때문입니다. 그 일이 어떻게 될 것인지는 우리가 신경 쓸 일이 아닙니다.

"그 후에 우리 살아 남은 자들도 그들과 함께 구름 속으로 끌어 올려 공중에서 주를 영접하게 하시리니 그리하여 우리가 항상 주와 함께 있으리라 그러므로 이러한 말로 서로 위로하라."(살전 4:17-18)

이제 요한계시록 22장 20절을 살펴보겠습니다. "이것들을 증언하신 이가 이르시되 내가 진실로 속히 오리라 하시거늘 아멘 주 예수여 오시옵소서." 하늘에서 온 마지막 전언은 "내가 진실로 속히 오리라"는 것이었습니다. 그에 대한 답신은 "아멘 주 예수여 오시옵소서"(20절)였습니다. 이것이 우리를 얼마나 위로해 주는지 모릅니다! 우리는 날마다 점점 더 슬퍼하거나 슬픔에 잠기는 대신에, 우리는 기쁨과 생명력과 빛과 행복으로 가득한 삶을 살아야 합니다! 당신의 인생에서 가장 행복한 날이 있습니까?

당신이 회심한 날 말고, 다른 날이 있습니까? 이제 오늘이 그 날이 되어야 합니다. 어째서 그런가요? 왜냐하면 당신이 신랑과 함께 있게 될 날이 훨씬 더 가까이 왔기 때문입니다. 찬송 받으실 구원자와 함께 하게 될 날이 이전보다 훨씬 더 가까워 지고 있습니다.

몇 년 전에 나는 필라델피아에 방문한 적이 있었습니다. 펜실베니아로 가려고 기차에 탔을 때, 나는 특이한 종류의 손수건으로 머리를 묶고 있는 외국인처럼 보이는 여자를 발견했습니다. 그녀 옆에는 아주 작은 소녀가 있었는데, 그녀의 머리에도 똑같은 손수건으로 머리를 묶고 있었습니다. 그들은 알아듣지 못하는 말로 서로 함께 이야기하기 시작했습니다. 나는 속으로 "참으로 슬퍼 보이는 여자구나!" 라는 생각을 했습니다. 나는 그녀를 위로해주고 싶었지만, 서로 말이 통하지 않아 그럴 수 없었습니다. 그녀는 매우 비참해 보였습니다. 그리고 곧 기적이 울리자 기차는 출발했습니다.

기차가 약 20킬로미터쯤 간 후에, 그녀는 손을 주머니에 넣더니 편지를 꺼내 읽기 시작했습니다. 곧 그녀는 어린 소녀에게 무언가를 말했고, 나는 짧은 순간이지만 그녀의 얼굴에 작은 미소가 번지는 것을 볼 수 있었습니다. 그리고 나서 그것은 사라졌고 그녀는 다시 슬픈 얼굴로 돌아왔습니다. 기차가 약 80킬로미터를 간 후, 나는 돌아서서 바라보았고, 그 순간에도 그녀가 웃는 모습을 보았습니다. 조금 더 가서 나는 다시 바라보았고, 그녀는 정말로 미소를 짓고 있었습니다. 나는 그녀의 얼굴이 미소를 띠고 있었음을 확신했습니다. 한참 시간이 지난 후에 나는 그녀가 어린 소녀에게 말하는 것을 멀리서 들었습니다. 그녀는 손에 편지를 들고 있었고, 그녀는 실제로 환하게 웃고 있었습니다!

우리가 한 역에 도착하자마자 그녀는 즉시 창문을 열고 밖을 내다보았습니다. 그녀는 무어라고 말하고는 고개를 떨구었습니다. 그리고 모든 역마다 나는 그녀가 창문을 열고서 마치 누군가를 찾는 모습을 볼 수 있었습니다. 마침내 우리는 어느 역에 도착했고, 그녀는 누군가를 본 것처럼 창문을 열었습니다. 그가 소리를 쳤습니다. 그러자 그녀도 소리를 질렀으며, 다음 순간 문이 확 열리면서 한 덩치 큰 남자가 그녀에게 달려와 입맞춤을 했습니다. 그는 어린 소녀를 보고서 그녀에게도 입맞춤을 했습니다.

아, 그때는 기쁨의 환희가 있었습니다! 그녀는 자신이 사랑하는 사람을 만났습니다. 아이는 아버지를 만났고, 아내는 남편을 만났으며, 거기에 기쁨이 있었습니다. 기차로 오는 내내 그녀는 자신이 지구상에서 가장 사랑하는 사람에게 더 가까이 가고 있음을 알고 또한 그들이 마침내 만났을 때 그녀는 얼마나 행복해 보였는지 모릅니다! 기차가 출발하자 우리는 곧 다른 역에 도착했습니다. 역에 가까이 오면서, 나는 이런 상상을 해보았습니다. 즉 그는 기차에서 내리자마자 아내와 어린 소녀의 손을 잡고 아름다운 집으로 갑니다. 그 집은 녹색 대문이 있고 앞에는 멋진 정원이 있습니다. 그들은 그 집으로 들어가면서, 그녀는 자신의 팔로 사랑하는 이의 목을 두르고 또 다시 입맞춤을 합니다. 그리고 나는 남편이 이렇게 말했을 것이라고 생각합니다. "저 집은 내가 그대를 위해 준비한 집인데, 예쁘지 않나요? 우리 이제 다시는 헤어지지 맙시다."

사랑하는 여러분, 우리는 우리를 위해서 오시는 분에게서 편지를 받았습니다. 우리는 그분이 언제 오실지 모르지만, 나는 그분이 사랑하는 사람들을 위해 돌아오실 때가 매우 가까워졌다고 생각합니다. 그 때 우리의 소중한 친구들은 다시 살아날 것이고, 우리는 그들과 함께 하게 될 것입니다. 그리고 나서 우리는 주님과 영원히 함께 하게 될 것입니다.

형제자매들이여, 과연 이 땅에서 자기를 부인하는 삶을 살 가치가 없는 것입니까? 과연 세상을 향해 "저리 비켜라. 나는 너와 아무 관계도 없으며, 다만 너의 악한 행위를 목격할 뿐이다!"라고 말할 순 없을까요? 찬송 받으실 신랑의 입술에서 칭찬의 말이 나오고 또 그분에게서 "잘 하였도다 착하고 충성된 종아 네가 적은 일에 충성하였으매 내가 많은 것을 네게 맡기리니 네 주인의 즐거움에 참여할지어다!"라는 말씀을 듣고자 열심을 낼 수는 없겠습니까? 형제들이여, 주님이 다시 오십니다. 그대는 진짜 그분을 위해 살고 있습니까? 자매들이여, 주님이 다시 오십니다. 그대는 진짜 그분을 위해 살고 있습니까? 형제자매들이여, 그대는 진정 그분을 위한 삶을 살고 있습니까?

자신의 가난 때문에 사람들 앞에서 신랑을 인정하는 것을 부끄러워하는 룻을 한번 상상해보겠습니다. 자신을 가난한 삶에서 구해주었고, 그녀에게 자신이 가진 것을 주는 것 정도로는 만족하지 않고서 심지어 자신까지 내어주었던 엄청난 재산가인 보아스를 사람들 앞에서 인정하는 것을 부끄러워한다고 상상해 보시기 바랍니다!

오, 절대로 그리스도를 부끄러워하지 마십시오. 오늘 오실지도 모르는 찬송 받으실 우리 주님을 부끄러워하지 마시기 바랍니다. 이제 주님이 나타나시면, 여러분은 그분을 위해서 오늘 할 수 있는 일을 하는 특권을 결코 갖지 못할 것이며, 자기 자신을 위해 사는 것이 아니라 그리스도를 위해 살 수 있는 삶을 결코 살아보지도 못하게 될 것입니다.

이제 하나님께서 이 책을 읽는 모든 독자를 축복해주시고, 성경이 처음부터 끝까지 우리에게 주 예수 그리스도에 대해서 말해주고 있기 때문에, 성령으로 이 복된 성경을 사랑하는 마음을 일으켜 주시길 간구합니다. 하나님께서 그리스도를 위하여 여러분에게 신령한 복을 더해 주시기를 기도합니다.

제2장 그리스도를 위한 대사

"그러므로 우리가 그리스도를 대신하여 사신이 되어 하나님이 우리를 통하여 너희를 **권면**하시는 것 같이 그리스도를 대신하여 **간청**하노니 너희는 하나님과 화목하라."(고후 5:20)

대사가 된다는 것은 무슨 의미일까요? 나는 얼마 전에 증기선을 타고 대서양을 건넌 일이 있었는데, 그 배에는 미국에서 러시아로 가는 대사가 타고 있었습니다. 그는 내가 이전에 들어본 일이 없었던 여러 대사들에 대해서 많은 이야기들을 해주었습니다.

우선 대사는 본국으로 파견되는 것이 아니라 외국으로 파견되는 사람을 가리킵니다. 미국은 많은 대사들을 유럽으로 파견했습니다. 그는 나에게 말하길, "나는 그곳에서 항상 이방인이라고 느꼈다"고 했습니다. 크리스천들도 마찬가지입니다. 사람들이 어떻게 생각하든 우리의 본국은 이 세상에 있지 않습니다. 만일 우리가 그리스도를 위한 대사라면, 우리는 이 세상에서 "외국인과 나그네(strangers and pilgrims)" 입니다. 이 대사님이 나에게 해준 말이 있습니다. 그는 말하길, "우리는 전쟁 중인 나라에 대사를 보내지 않습니다. 만일 미국과 러시아 사이에 전쟁이 일어난다면, 전신 메시지가 와서 나를 다시 본국으로 불러들입니다. 우리 대사들이 그곳에 남아 있는 한 전쟁은 없을 것입니다"라고 했습니다. 마찬가지로 하나님께서 이곳에 대사를 두고 계시는 한 하나님과 세상 사이에 전쟁은 없습니다. 하나님께서 이곳에 대사를 두고 계신다는 사실 자체가 하나님이 세상과 전쟁 중이 아니라 평화를 유지하고 있다는 증거입니다. 하나님께서 모든 대사들을 본국으로 부르시게 되면, 그 때에는 이 세상에 심판이 임하게 될 것이지만, 그 때까지는 화목을 전파해야 합니다. 우리는 주 예수 그리스도를 통한 화목을 전하는 사명을 가지고 있습니다. 그리고 구주께서 머지않아 다시 오신다는 것은 참으로 감미로운 생각입니다. 구주께서는 우리를 영접하여 영원히 자신과 함께 있도록 하실 것입니다.

이 외에도 내가 배운 것이 있습니다. 우리나라가 이 땅에 대사를 보낸다고 가정해본다면, 우리는 우리가 가장 신뢰할 수 있는 사람을 선택해야 합니다. 그런데 선택을 받은 사람이 이런 말을 한다고 가정해보겠습니다. "나는 대서양을 건너는 것을 좋아하지 않습니다. 나는 미국에서 가장 가까운 곳인 아일랜드의 발렌티아로 가서, 거기에 아름다운 성을 지을 것입니다. 만일 이 미국인들이 나에게 할 말이 있다면, 그들은 내가 있는 곳으로 와야 합니다." 그가 이런 식으로 말하고 있다면, 우리는 그를 대사로 보내선 아니 될 것입니다. 하지만 이런 식으로 행동하는 크리스천들이 너무도 많습니다. 그들은 말합니다. "오, 그래요. 우리는 당신이 선교회나 교회를 짓는데 도움이 될 만한 것을 지원해 드리도록 하겠습니다. 그리고 만일 사람들이 그곳에 오는 것을 좋아한다면, 얼마든지 오라고 하십시오. 무조건 환영합니다. 만일 그들이 그곳에 오는 것을 좋아하지 않는다 해도 할 수 없지요. 그것은 그들이 결정할 일입니다." 여러분, 회심하지 않은 사람에게 교회에 가라고 말하는 성경 구절은 단 한 구절도 없습니다. 주미 대사는 자신의 조국을 떠나 워싱턴으로 가야 합니다. 그리고 만일 우리가 그리스도를 위한 대사라면 우리는 세상을 향해 우리에게 오라고 말할 것이 아니라 오히려 우리가 세상에 나가 우리 주 예수 그리스도의 복음을 전하는 것이 우리의 특권이며 의무란 사실을 잊지 마시기 바랍니다.

대사들에 관한 또 다른 것이 있습니다. 세상은 우리를 통해서 주 예수 그리스도에 대한 것을 판단할 것입니다. 만일 여러분이 외국에 가서 여러분의 나라를 대표한다면, 그들은 여러분을 보고서, 여러분을 통해서 여러분이 속한 나라의 백성들이 어떤 사람들인지를 판단하게 될 것입니다. 내 친구 중 한 명이 일리노이 주나 또는 인디애나 주에서 가장 똑똑한 변호사 중 한 명이 오스트리아 대사로 파견되었다고 말해준지 얼마 되지 않아, 나는 그 변호사에 대해선 새까맣게 잊어버렸습니다. 그런데 그는 그곳에 간지 얼마 되지 않아 술을 마시기 시작했고, 알코올 섬망증으로 사망했다고 합니다. 나의 친구는 오스트리아에서, 오늘날까지도, 오스트리아인들은 미국인들이 지구상에서 가장 술취한 국가라고 믿고 있다고 말해주었습니다. 왜냐하면 그들의 대사가 알코올 섬망중으로 사망했기 때문입니다. 세상은 주인님을 볼 수 없기 때문에, 그들은 스스로를 크리스천이라고 부르는 사람들을 보는 것으로 기독교를 판단할 수밖에 없습니다.

그리스도의 대사는 복음 메시지를 가지고 있으며, 그것은 매우 간단한 메시지입니다. 많은 크리스천들은 자신들이 그리스도의 복음을 말할 수 없다고 말합니다. 나는 그들이 노력한다면 할 수 있다고 확신합니다. 그리스도께서 요한에게 하신 메시지는 단지 가서 "오라"고 말하라는 것이었습니다. 누구라도 "오라"는 말은 할 수 있습니다. 어떤 사람들은 "오, 그렇긴 하지만, 나에겐 전도의 은사가 없습니다"라고 말합니다. 구원받은 영혼은 누구나 하늘에 있는 천사보다 더 큰 은사를 가지고 있습니다. 즉 여러분은 할 수 있지만, 하늘에 있는 천사들이 할 수 없는 일이 있습니다. 그것은 바로 가련한 죄인에게 주 예수 그리스도의 보혈에 대해서 말해주는 것입니다. 많은 사람들이 그리스도와 그분의 능력을 바라보고 도움을 구하는 대신, 계속해서 자기 자신만을 바라보고 있습니다.

나는 몇 년 전 더블린에서 친구 스미스 씨와 차를 마셨던 것을 기억하는데, 그는 내 마음에 큰 인상을 남겼고 또 내가 결코 잊을 수 없는 작은 사건을 나에게 말해주었습니다. 어딘가에서

꽃 전시회가 열렸고, 많은 꽃들이 전시회에서 1등을 차지하고자 전시되었습니다. 가장 아름다운 꽃으로 제라늄이란 꽃이 선정되었고, 심사위원들이 시상식을 하러 왔을 때, 런던 동쪽에 사는 한 가난한 어린 소녀가 이 꽃이 자신의 것이라고 주장했습니다. 심사위원들은 이 꽃이 그녀의 것이라는 것을 거의 믿을 수 없어 했습니다. 그 소녀는 자신의 이야기를 했고 그것은 다음과 같았습니다. 즉 그 꽃이 아주 작았을 때 그녀는 그 꽃을 받았고, 사람들은 그녀에게 충분한 물과 햇빛이 없으면 살 수 없을 것이라고 말해주었습니다. 자신이 살고 있는 집 앞마당에서는 햇빛이 별로 비추지 않는다는 것을 알았기 때문에, 그녀는 아침 일찍 일어나 그 꽃이 햇볕을 쬐도록 애를 썼습니다. 그리고 태양이 도는 방향을 따라서 그녀는 그 꽃을 옮김으로써 계속해서 햇빛을 쬐게 했던 것입니다. 마침내 그녀는 상을 탔습니다. 우리의 은사는 아주 작고 별 볼일 없어 보일 순 있지만, 만일 우리가 그것을 계속해서 햇빛을 쬐게만 한다면 그것은 틀림없이 자라게 될 것입니다. 우리는 의로운 해(the Sun of Righteousness)이신 주인님께 가까이 나아갈 뿐만 아니라 그 해를 바라보며 살아야 합니다. 만일 우리가 그렇게 한다면, 우리의 작은 은사는 더욱 발전하게 될 것이고, 우리보다 더 큰 은사를 가진 다른 사람들이 그들의 은사를 햇빛 가까이 두지 않았기 때문에 놓칠 수 있는 상을 우리는 확실히 받게 될 것입니다.

우리가 전할 메시지는 화목의 메시지입니다. 우리는 죄인들로 하여금 하나님과 화목하라고 말하고, 그것을 위해 기도하도록 간청해야 합니다. 나는 이 점을 여러분에게 엄숙하게 말씀드리고 싶습니다. 여러분은 진정 여러분의 대사직에 충성스럽고, 정직하고, 진실하십니까? 살인죄로 사형선고를 받은 한 남자가 감옥에 있다고 상상해 봅시다. 주지사가 나를 부르고 난 그의 사무실로 갑니다. 그는 나에게 혹시 사형수에게 사면의 메시지를 전달해줄 수 있는지를 묻습니다. 나는 "네 정말 그렇게 하고 싶습니다"라고 대답합니다. 그는 말하길, "그렇다면 해주세요. 하지만 그 사람은 매우 완고합니다. 당신이 가서 그에게 내가 주는 사면을 받아달라고 간청했으면 좋겠어요." 그래서 나는 사면장을 가지고 갑니다. 사면장은 아름답게 서명되었고, 봉해져 있었으며, 나는 그것을 내 양복 안주머니에 넣어 두었습니다. 나는 돌아와서 마차에 올라탔습니다. 가는 길에, 나는 아름다운 꽃들이 있는 가게에 들렀고, 거기서 멋진 꽃다발을 샀습니다. 조금 더 가다가 나는 뮤직 숍에 앞에서 운전자를 다시 멈춰 세웠습니다.

"새로 나온 좋은 노래가 있나요? 뭔가 멋지고 신나는 노래가 있을까요?"

"네, 아주 신나는 노래 몇 곡이 나왔습니다."

"그럼 6개 주세요."

그래서, 한 손에는 음악을 들고 다른 손에는 꽃을 들고, 나는 마차를 타고 감옥으로 갑니다. 출입허가서를 보여주고, 사형수 감방으로 들어갑니다. 나에게 허락된 시간은 그리 길지 않았고, 아마도 2-30분 정도가 나에겐 허락된 시간일 것입니다. 나는 그 사람에게 "나의 친구여, 나는 당신에게 줄 것이 있습니다. 나는 주지사의 사무실에 다녀오는 길입니다."

"그런가요?"

"그렇습니다. 그곳은 참으로 멋진 곳이었습니다."

그리고 나는 그에게 멋진 사진들이 걸려 있는 것과 멋진 카페트가 깔려 있는 것에 대해서, 그리고 주지사에 대해서 이야기 합니다. 그리고 그가 얼마나 친절하고 얼마나 말을 잘하는지 등등에 대해 말하기 시작합니다. 하지만 그는 그런 것에 대해선 별로 신경 쓰지 않는 것 같았습니다. "나는 오다가 신곡을 몇 개 샀습니다. 한번 이 노래를 들어보시겠습니까?" 그래서 나는 신곡을 두세 곡 부릅니다. 그리고 곧 노래를 마치자, 열쇠가 자물쇠에 꽂히고, 자물쇠가 돌아가고, 문이 열립니다. 그리고 간수가 와서 "시간이 되었습니다. 더 이상 여기 있을 수 없습니다"라고 말하면, 나는 감옥을 떠나야만 합니다. 나는 안주머니에 항상 사면장을 가지고 있었지만, 그것에 대해선 그에게 한 마디도 하지 않았습니다. 나는 그를 친절하게 대했지만, 결코 사면의 메시지를 그에게 전달하지 않았습니다. 그에게 간청하고, 그에게 기도하고, 그리고 사면을 받아들이도록 요청한 적이 없었습니다. 여러분은 이런 나에 대해서 어떻게 생각하십니까? 여러분은 그의 피에 대한 책임이 과연 이 손에 없다고 말할 수 있습니까?

형제자매들이여, 여러분은 사면장을 어떻게 했습니까? 안 주머니에 있습니까? 여러분은 아름다운 백스터의 성경책을 가지고 있고, 멋지게 제본되어 있고 아름다운 문양으로 장식된 표지를 하고 있는 그 성경책을 보면서 "이 얼마나 멋진 성경인가!"라고 말합니다. 하지만 사면장은 어떻게 되었습니까? 화목의 메시지는요? 죄인들에게 하나님과 화목하도록 간청하고, 기도하게 하고, 요청하는 일은요? 나는 주인님의 이름으로 여러분에게 묻고 싶습니다. 그리스도를 위한 대사로서 여러분은 정직하고 충성스러우며, 여러분의 주인님과 하나님께 진실한 사람입니까? 오늘 구주의 사랑에 대해서 얼마나 많은 영혼들에게 말해주었습니까? 나의 친구들이여, 죄인들에게 필요한 것은 즐거운 오락이나 엔터테인먼트가 아닙니다. 죄인들에게 절대적으로 필요한 것은 주 예수 그리스도의 복음입니다. 메시지 안에 얼마나 큰 힘이 있는지를 생각해 보시기 바랍니다!

당신은 어쩌면 "나는 가끔 복음을 전하긴 했지만, 아무런 반응도 일으키는 것 같지 않았습니다"라고 말하고 싶을 것입니다. 당신은 어떻게 복음을 증거했습니까? 하나님은 우리에게 이 아름다운 구절을 통해서 말씀하시길, 기도하고, 권면하고, 간청하라(pray, beseech, entreat)고 하셨습니다. 우리는 죄인들을 그리스도에게서 떠나가도록 말할 수도 있고, 아니면 그들을 구주에게 가까이 나아가도록 말할 수도 있습니다. 눈물을 흘리며, 그 일을 하시기 바랍니다. 눈물이나 친절한 말에는 힘이 있습니다. 주인님의 이름으로 가서, 그리스도께서 말씀하시는 것처럼 사랑의 언어로 말을 하십시오. 그러면 확실히 마음이 무너질 것입니다.

얼마 전에 나는 뉴욕에 있었는데, 한 친구가 자신이 참석했던 집회에 대해서 나에게 말해주었습니다. 20-30여 명의 여성들이 불쌍한 사람들을 구출하는 사역을 위해 기도하고자 모였습니다. 그곳에는 천사처럼 밝은 얼굴을 한 어린 소녀가 앉아 있었습니다. 그녀는 회심한 지 얼마 되지 않았고, 그녀는 자신의 구원간증을 하고 싶어 했습니다. 그녀는 뉴욕에서 아주 나쁜 거리에서 살았습니다. 그녀는 병에 걸렸고, 아무도 그녀에게 가까이 오는 사람이 없었습니다. 그녀는 2-3일 동안 홀로 남겨졌는데, 어느 날 누군가 문을 두드리면서 젊은 여성이 들어왔습니다. 그녀는 아픈 어린 소녀에게 "너에 대한 이야기를 들었어. 그래서 내가 도울 수 있는 것이 있는지 살펴보러 온거야"라고 말했습니다. 그녀는 방을 청소하고, 난로에 불을 붙이고, 환자의 베개를 고루 펴 주고는 다시 오겠다고 말했습니다. 그녀는 그 집을 나서면서 성경 구절을 암송했지만, 아픈 사람에게는 아무런 감흥을 주지 못했습니다. 그녀는 다시 와서 작은 방을 청소해주고 또 성경 구절을 몇 차례 암송하고는 그냥 가버렸습니다. 여전히 아무런 인상을 주지 못했습니다. 그녀는 며칠 동안 왔고, 어느 날은 그녀가 와서 바닥을 쓸고, 저녁식사를 요리하고, 모든 것을 멋지게 보이게 했습니다. "그리고 나서" 그 소녀는 말을 이어갔습니다. "그녀는 나에게 가까이 다가와서 나를 바라보았고, 내 이마에 손을 얹었고, 허리를 굽혀 내게 입맞춤을 했습니다. 그녀가 나에게 입맞춤을 했을 때 나는 그녀의 얼굴에서 눈물이 흘러내리는 것을 보았습니다. 그 때 나의 마음은 구주의 사랑을 느낄 수 있었고, 그 사랑을 받아들일 수 있었습니다. 그 입맞춤이 그렇게 했습니다."

내가 여러분에게 말하고 싶은 것은 그런 것이 우리가 원하는 것이며, 성경이 가르치고 있는 것을 우리도 의도하고 있고 또 믿는 것처럼 말하는 방식인 것입니다. 우리는 "그리스도를 위한 대사들"입니다. 하나님께서 우리를 도우셔서 우리로 하여금 주인님의 방식대로 주인님을 위한 일을 할 수 있게 해주시길 바랍니다. 우리가 생각하기에 주인님이 말씀하시는 방식대로 말하고, 우리가 생각하기에 주인님이 일하시는 방식대로 일하게 해주시길 간구합니다! 하나님은 우리에게 이 땅에서 그분의 대사가 되는 영광스러운 특권을 주셨습니다. 우리가 그 특권을 하나님의 영광을 위해 사용하게 해주시길 기도합니다!

제3장 선한 목자

"나는 선한 목자라." (요 10:11)

나는 여러분이 자신의 성경을 가져와서, 나와 함께 선한 목자이신 주 예수 그리스도라는 주제와 관련된 성경 몇 구절을 살펴보기를 바랍니다.

여러분은 요한복음 10장에서 구주께서 자신을 가리켜 "선한 목자"로 부르셨음을 기억하실 것입니다. 또한 여러분은 주님이 여기 이 땅에서 자신의 사명은 우리에게 자신의 아버지이신 하나님에 대해서 가르쳐주시는 것이라고 말씀하셨음을 잘 알고 있을 것입니다. 주님은 자신에 대해선 자주 말씀하지 않으셨지만, 그렇게 하셨을 때 그것은 자기 사람들을 격려하고 힘을 북돋기 위한 것이었습니다.

이제 주 예수님께서는 이 멋진 장에서 두 번이나 자신이 선한 목자이심을 우리에게 밝히고 있습니다. 그리고 우리는 구주께서 무엇을 말씀하셨든지, 그분께서 의미하신 그대로 될 것이란 사실을 알고 있습니다. 그러므로 그분이 우리에게 자신이 선한 목자라고 말씀하실 때, 우리는 진실로 그분이 그런 분이심을 알 수 있습니다. 왜냐하면 그분이 그렇게 말씀하셨기 때문입니다. 그렇다면 우리는 하나님의 말씀을 그대로 받아들이고, 선한 목자께서 우리를 위해 무슨 일을 하셨는지, 우리를 위해 무슨 일을 하고 계신지, 그리고 우리를 위해 무슨 일을 하실 것인지 직접 살펴보는 것이 좋겠습니다.

우리가 발견한 이 모든 작은 세부 사항들은 하나님의 축복된 말씀을 통해서 너무나 감미로운 것으로 드러났습니다.

첫 번째 목자는 아벨이었지만, 그는 목자(shepherd)라고 불리지는 않았고, 나중에 목자라는 용어가 사용되었습니다. 하나님은 그를 "양 치는 자(keeper of sheep)"라고 부르셨습니다. 목자라는 단어는 단순하게 말하자면 양을 지키는 자를 가리킵니다. 나의 친구들이여, 어떤 크리스천들은 어쩌면 결국엔 자신들이 멸망할 수도 있다는 상상을 합니다. 하지만 그들은 그럴 수 없습니다. 왜 그런 줄 아십니까? 목자는 패배자가 아니라 양을 지키는 사람(a keeper of sheep)이기 때문입니다. 그리고 주님은 선한 목자이시기 때문에, 우리를 잃지 않으실 것이며, 우리를 능히 지켜주실 것입니다.

"목자"라는 말은 창세기 46장 32절에서 처음으로 사용되었는데, 야곱과 그의 가족이 요셉에게로 내려갔던 일과 연관이 있습니다. 우리는 그들이 고센 땅에 거하고자 갔다는 내용을 볼 수 있습니다(34절). 그리고 "애굽 사람은 다 목축을 가증히" 여겼습니다. 더 있습니다. 출애굽기 8장 26절을 보면, 우리는 이집트 사람들이 양을 싫어했다는 사실을 볼 수 있습니다. 그래서 목자와 양들은 모두 이집트 사람들이 가증히 여기는 존재였습니다. 그렇습니다. 그들의 이런 성향은 아직까지 변하지 않았습니다. 우리는 양이고, 그리스도는 목자이시며, 둘 다 세상이 가증히 여기는 존재입니다. 만일 여러분이 그리스도의 양 무리 가운데 하나로서 세상에 나가고 싶어 한다면, 세상은 여러분을 환영하지 않을 것입니다. 세상 사람들은 주인님을 원하지 않고, 그들은 그분의 양을 좋아하지 않습니다. 만일 여러분이 세속적인 사람으로서 그들에게로 가게 되면, 여러분은 모든 일이 잘 될 수도 있습니다. 하지만 하나님의 자녀로서 가게 되면, 여러분은 모든 일을 망치게 될 것입니다. 목자와 관련해서 주목해야 할 사안이 있습니다. 양들은 목자에게 맡겨졌기 때문에, 목자는 양들을 그대로 돌려주어야 합니다. 여러분은 야곱이 라반에게 양떼들 가운데 잃은 양이 있을 때 책임을 지겠다고 한 말을 기억하실 것입니다. "양 떼 가운데서 없어진 것은 내가 책임지겠소. 그대는 내 손에서 잃은 양을 찾으시오."(창 31:39 KJV 직역) 하지만 주 예수님의 양은 한 마리도 잃어버릴 수 없습니다. 왜냐하면 그분은 선한 목자이시며, 양들을 위해 자기 목숨을 바치신 분이시기 때문입니다. 이제 에스겔 34장 11-16절을 읽고, 목자가 양들을 위해 하는 일을 살펴보겠습니다.

"주 여호와께서 이같이 말씀하셨느니라 나 곧 내가 내 양을 찾고 찾되 목자가 양 가운데에 있는 날에 양이 흩어졌으면 그 떼를 찾는 것 같이 내가 내 양을 **찾아서** 흐리고 캄캄한 날에 그 흩어진 모든 곳에서 그것들을 **건져낼지라** 내가 그것들을 만민 가운데에서 **끌어내며** 여러 백성 가운데에서 모아 그 본토로 **데리고 가서** 이스라엘 산 위에와 시냇가에와 그 땅 모든 거주지에서 먹이되 **좋은 꼴을 먹이고** 그 우리를 이스라엘 높은 산에 두리니 그것들이 그 곳에 있는 좋은 우리에 누워 있으며 이스라엘 산에서 살진 꼴을 먹으리라 내가 친히 내 양의 목자가 되어 그것들을 **누워 있게 할지라** 주 여호와의 말씀이니라 그 잃어버린 자를 내가 찾으며 쫓기는 자를 내가 돌아오게 하며 상한 자를 내가 싸매 주며 병든 자를 내가 강하게 하려니와 살진 자와 강한 자는 내가 없애고 정의대로 그것들을 먹이리라."

나는 여러분이 이 본문에서 목자가 양을 위해 하겠다고 약속한 여섯 가지 일에 주목할 수 있기를 바랍니다. 그리고 여기서 여호와께서는 "내가" 그 모든 일을 하겠노라고 말씀하셨습니다. 다른 사람을 통해서가 아니라 여호와께서 친히 그 일을 하실 것입니다.

내가 그들을 찾으리라.
내가 그들을 건져내리라.

내가 그들을 끌어내리라.
내가 그들을 그들의 땅으로 데려가리라.
내가 그들을 좋은 꼴을 먹이고 배부르게 하리라.
내가 그들을 쉬게 하리라.

    1800년 전에 주 예수께서 잃어버린 양을 찾고 구원하고자 오셨습니다. 그리고 주님은 지금도 그 일을 하고 계십니다. 주님은 포로상태에서, 종노릇하고 있는 우리를 발견하셨고, 거기서 우리를 건져내고자 하셨습니다. 주님은 우리를 구원하기 위해서 죽으셨을 뿐만 아니라, 그분의 보혈을 통해서 죄악된 세상에서 우리를 건져내고자 하셨습니다. 이제 주님은 우리를 하나님의 땅으로 데려오실 것이고, 거기서 우리를 먹이실 것입니다. 충격적인 사실은, 주님은 양들이 하나님의 땅으로 돌아오기 전까지 결코 그들을 먹이시리라고 약속한 일이 없다는 것입니다. 하나님은 이스라엘 백성이 이집트를 떠날 때까지는 만나를 보내지 않으셨습니다. 집나간 탕자가 먼 나라를 떠나 집으로 돌아올 때까지는 아버지를 볼 수 없었습니다. 주님은 우리를 먹이실 것입니다. 여러분은 먹인다는 말의 의미를 잘 아실 것입니다. 그것은 바로 영혼의 만족을 가리킵니다. 여러분이 양을 풍성히 먹이기 전에는 양은 눕지 않을 것입니다. 양은 만족스럽게 먹을 때까지는 결코 눕는 일이 없습니다. 목자께서 "내가 너희를 먹이고 만족케 할 것이며, 너희로 편히 누워 쉬게 하리라"고 말씀하셨습니다.

이제 다른 본문을 살펴보겠습니다. 목자와 양의 관계에 대해서 아름답게 묘사하고 있는 성경을 고르라면, 시편 23편을 선택할 것이라고 나는 확신합니다. 거의 대부분 성도들은 이 시편을 암송할 수 있을 것이긴 하지만, 과연 모든 성도들이 이 시편을 풍성히 누리고 있는지는 모르겠습니다. 그 이유를 말씀드리겠습니다. 그리스도의 양 무리 가운데서 양이 만족을 누리고 있지 않다면, 시편 23편을 진정 마음으로부터 누리고 있다고 말할 수 없습니다. 진정 영혼의 만족을 누리고 있다면 그는 누울 수 있습니다. 어떤 사람들은 항상 자신들을 만족시켜줄 누군가를 찾고 있지만, 정작 주인님이 그 일을 하도록 맡기진 않습니다. 하지만 선한 목자이신 주님 외에는, 나의 영혼을 만족시킬 수 있는 존재는 없습니다. 주님만이 나의 영혼을 만족시키실 수 있습니다. 우리가 주님에게 나아가기 전까지, 우리는 결코 만족할 만한 것을 찾을 수 없을 것입니다.

나는 여러분의 관심을 세 개의 시편에 집중시키길 원하는데, 바로 시편 22편, 23편, 24편입니다. 이 세 개의 시편은 절대 따로 읽어서는 안 됩니다. 요한복음에서는 예수님을 선한 목자(Good Shepherd)라고 부르고 있습니다. 왜냐하면 예수님께서는 양을 위해 자신의 목숨을 바쳤기 때문입니다. 히브리서에서는 예수님을 큰 목자(the Great Shepherd)로 부릅니다. 왜냐하면 예수님께서는 죽은 자들 가운데서 살아났기 때문입니다. 베드로전서에서는 예수님을 목자장(the Chief Shepherd)으로 부릅니다. 왜냐하면 예수님께서는 다시 돌아오실 것이기 때문입니다. 그분의 양들과 관련하여 그리스도의 죽음과 부활과 재림이 있습니다. 만일 여러분이 이 아름다운 시편 22편을 읽는다면, 여러분은 선한 목자(the Good Shepherd)께서 양들을 위해 자신의 생명을 내어주는 것을 발견하게 될 것이고, 시편 23편에서는 큰 목자(the Great Shepherd)께서 부활하심으로 양들에게 복을 주는 것을 발견하게 될 것이고, 시편 24편에서는 목자장(the Chief Shepherd)께서 양들을 영원한 진주 문을 통과해서 하늘에 있는 본향으로 인도하는 것을 발견하게 될 것입니다. 그러므로 선한 목자, 큰 목자, 그리고 목자장이 있습니다.

"주님은 나의 목자이십니다." 하나님은 우리의 목자이실 뿐만 아니라 나의 목자이십니다. 우리를 둘러싸고 있는 많은 곳들이 비록 음산하고 어둡지만, 만일 우리가 주 예수님을 믿는 사람이라면 다윗처럼, "여호와는 나의 목자시니"라고 말할 수 있을 것이며, 우리 주변엔 우리를 해할 수 있는 것은 아무 것도 없게 될 것입니다. 하나님께 감사하게도, 만일 우리가 하나님과의 사귐 속에 있다면, 우리는 개인적으로 "하나님은 나의 목자이십니다. 나에겐 부족함이 없습니다"라고 말할 수 있습니다. 그렇다면 또한 우리는 "그가 나를 푸른 초장에 누이시며"라고 말할 수 있습니다. 여러분도 알다시피, 우리는 종종 양들이 진흙탕과 같은 길을 걸을 때가 있으며, 그들이 지치고 피곤해하는 모습을 볼 수 있습니다. 그 후에, 그들은 푸른 풀밭에서 풀을 뜯어먹고, 가련한 양들이 겨우 휴식을 취할 수 있습니다. 하지만 그런 것은 우리 영혼의 목자께서 우리를 다루시는 방식이 아닙니다. 그분은 우리가 지칠 때까지 우리를 모는 일이 없으며, 오히려 우리를 먼저 먹이는 일을 하십니다. 무작정 이끌고 나아가는 것이 아니라 안식을 주시는 것입니다. 먼저 안식을 취하고, 그리고 나서 인도하는 것입니다.

더 있습니다. "그가 내 영혼을 소생시키시고." 나는 어째서 영혼을 소생시킨다는 내용이 여기에 있는 것일까, 늘 궁금해 했습니다. 그 이유는 이렇습니다. 즉 우리가 하나님께 가까이 다가갈수록, 사탄이 우리를 더욱 더 유혹하기 때문입니다. 사탄은 우리의 마음을 하나님에게서 멀어지게 하고자 더욱 애를 쓸 것입니다. 하지만 목자께서는 자신의 오른손을 내밀어 우리를 붙잡으시고, 우리를 회복시키는 일을 하십니다. 양들이 회복되려면 목자 가까이에 있어야 하며, 시험을 받지 않으려면 목자 옆에 있어야 합니다.

이제 4절을 보겠습니다. 이 구절은 성경에서 가장 감미로운 구절 중 하나입니다. "내가 사망의 음침한 골짜기로 다닐지라도 해를 두려워하지 않을 것은 주께서 나와 함께 하심이라 주의 지팡이와 막대기가 나를 안위하시나이다."

내가 믿기론 "사망의 음침한 골짜기(the valley of the shadow of death)"란 이 세상을 살아가는 동안 우리 주변을 덮고 있는 어두운 그림자일 뿐만 아니라 주님이 더디게 오신다면 우리가 통과해야 하는 죽음을 가리키고 있습니다. 여기에 놀라운 변화가 있습니다. 2절과 3절을 보면, 주어가 "그가(He)" 이지만 4절에서는 더 이상 "그가"가 아닙니다. 우리가 사망의 음침한 골짜기에 들어서자마자 더욱 매우 감미로운 것이 있습니다. 여러분은 그것은 주님이 아닌가 하고 말할 것이지만, 그보다 더욱 좋은 것이 있습니다. 바로 골짜기를 통과하는 동안에 우리가 주님에게 직접 우리 사정을 호소하며 대화하는 등 주님에게 밀착하는 시간을 가지게 되리라는 것입니다.

"주께서 나와 함께 하심이라."(4절) 이처럼 아름다운 구절 속에는 참으로 감미롭고 보배로운 무언가 있지 않습니까? 우리가 주인님을 사랑하는 누군가의 임종의 침상 옆에 앉아 있을 때, 그는 눈을 감고 있고 더 이상 우리를 알아보지 못하고, 귀가 닫히고 우리의 목소리조차 알아들을 수 없게 되었을 때, 당신은 아름다운 빛이 그 얼굴에 번져가면서 또한 입술이 누군가와 대화하는 것처럼 움직이는 것을 본 일이 있지 않나요? 그것은 우리에게 하는 말도, 심지어 천사에게 하는 말도 아닙니다. 그들은 도대체 누구에게 말하는 것일까요? 선한 목자가 아닌가요? 그렇습니다. 형제자매들이여, 그대가 사망의 음침한 골짜기 속으로 들어갈지라도, 주님은 그대가 반대편에 도착할 때까지 그대 곁에 서 계실 것입니다. 주님은 어두운 밤에도 당신 곁을 지켜주실 것이고, 당신을 떠나지도, 버리지도 않으실 것입니다. 주님에게 직접 말을 건네고 또한 친밀한 대화를 나눌 수 있다는 것은 참으로 감미로운 일입니다. 우리 주변의 다른 모든 것에 대해서는 무감각해질지라도, 그분의 임재에 대해서는 무감각해지는 일은 일어나지 않을 것입니다. 주님은 우리에게 자신을 나타내실 것입니다.

나는 어째서 지팡이와 막대기가 여기에 등장하는 것인지 궁금해 하곤 했습니다. "주의 지팡이와 막대기가 나를 안위하시나이다."(4절) 전에 양치기들이 양을 때리기 위해 지팡이와 막대기를 가지고 다닌다는 말을 들은 적이 있습니다. 글쎄요. 끝이 굽은 지팡이는 양들이 웅덩이 같은 곳에 빠졌을 때 끌어내는데 사용하는 도구였습니다. 하지만 여기 사망의 음침한 골짜기에서 그들은 주인님과 함께 있고, 주인님과 이야기를 나누고 있습니다. 양들이 광야에 있을 때 웅덩이에 빠지는 이유는 그들이 목자에게서 벗어나려고 하기 때문에 일어나는 일입니다. 하지만 주 예수님께서는 그들을 때릴 필요도 없고, 그들이 주님께 가까이 있을 때에는 웅덩이에서 끌어낼 필요도 없습니다. 주님의 목적은 우리를 지키고 보호하는 것입니다. 다음 구절은 우리에게 거기 원수들이 있음을 말해줍니다(5절). 그러나 걱정할 필요가 없는 것은 우리의 목자는 무방비 상태가 아니기 때문입니다. 선한 목자의 손에는 지팡이와 막대기가 들려 있습니다. 지팡이와 막대기는 자신의 양을 때리기 위한 것이 아니라, 그분의 원수이자 또한 우리의 원수들을 때려눕히기 위한 것이며 또한 사망의 골짜기를 통과하는 동안 당신과 나를 지켜주기 위한 것입니다.

이제 주목해야 할 것은 바로 골짜기입니다. 언덕을 오르는 것은 매우 힘든 일이지만, 계곡을 내려가는 것은 참으로 쉽습니다! 하나님께 감사하게도, 주님이 우리가 통과해야 하는 골짜기를 앞서 가심으로써, 그 골짜기를 평평한 내리막길로 만들어주셨습니다. 우리를 위해서 쉬운 길로 만들어주셨습니다.

이제 우리는 아주 작은 단어라고 할 수 있는 "through"라는 단어를 주목할 필요가 있습니다. 우리는 사망의 음침한 골짜기를 통과하게 될 것입니다. 우리는 결코 골짜기에 머물지 않을 것입니다. 가끔 기차를 타고 가는 중에 어두컴컴한 터널에 들어갈지라도 우리는 신경을 쓰지 않습니다. 왜냐하면 곧 밝은 곳으로 나올 것이라는 것을 알기 때문입니다. 잠시 동안 어둡고 캄캄할지라도 있지만, 곧 밝은 빛과 햇빛이 비출 것입니다. 게다가 골짜기를 통과하는 동안 나의 선한 목자이신 주인님께서 함께 계시기 때문에, 더 이상 두렵지 않습니다. 그분은 "세상의 빛"이시기 때문입니다.

또 다른 단어가 나에겐 매우 감미롭게 느껴집니다. 그것은 "다닌다(walk)"는 단어입니다. "다닌다" 또는 "걷는다"는 단어는 서두르지 않는다는 것을 의미합니다. 우리는 골짜기를 걸어서 가게 될 것입니다. 여기엔 우리 마음을 격려해주는 또 다른 의미가 있습니다. 죽은 양은 들어서 옮겨야 하기 때문에, 골짜기를 걸어서 가려면 반드시 살아있는 양이어야 합니다. 살아 있는 양만이 사망의 음침한 골짜기를 걸어서 갈 수 있습니다. 그래서 우리는 "내가 사망의 음침한 골짜기로 다닐지라도(I walk through the valley of the shadow of death)"라는 구절을 볼 수 있는 것입니다. 그 다음 구절은 우리에게 주님이 우리를 먹이실 것이란 사실을 말해줍니다. 우리는 거기서 굶주리지 않을 것입니다. 지치고 피곤한 세상에서 노동자들이 필요로 하는 것이 있습니다. 즉 먹는 일이 필요합니다. 우리가 힘을 얻으려면 먹어야 합니다. 그리고 선한 목자이신 주 예수님께서도 그 점을 알고 계셨습니다. 주님은 "내가 너를 먹이리라"고 말씀하십니다. 주님은 우리를 골짜기로 인도하셨고, 이제 무엇을 하고자 하실까요? 주님은 우리의 원수들 앞에서 우리 앞에 상을 차려 주시고, 사탄으로 하여금 우리가 만족해하는 모습을 보게 하실 것입니다. 이러한 목자와 구주를 주신 하나님께 감사를 드립니다!

이제 이 구절은 주님이 우리에게 기름을 부으실 것이라는 사실을 말함으로써 끝을 맺고 있습니다. 우리는 모세가 제사장들이 거룩한 성소에 들어가기 바로 전에, 그들에게 기름을 부었다는 것을 알고 있습니다. 마지막으로 한 일은, 그들에게 향기 나는 향유를 바르는 것이었습니다. 이것은 우리에게도 마찬가지입니다. 우리가 하나님의 임재 속으로 들어가기 전에 향기로운 향유를 발라야 하기 때문에, 목자께서 친히 우리에게 기름을 부으실 것입니다. 주님은 선한 목자이시며, 양들을 위해 자기 목숨을 내어주셨습니다.

마지막 구절은 목자 자신과 목자의 선하심과 인자하심이 하는 일을 우리에게 설명하고 있습니다. 즉 목자는 앞에서 이끄는 일을 하며, 선하심과 인자하심이 우리를 뒤에서 밀어줍니다. 그런즉 가련한 양이 길을 벗어나거나 또는 지치거나 뒤처지게 되면, 선하심과 인자하심이 따라와서 지친 양을 돕게 될 것입니다. 목자가 먼저 앞서가고, 선하심과 인자하심이 뒤에서 따르는 것입니다.

이제 요한복음 10장 27절을 보겠습니다.

"내 양은 내 음성을 들으며 나는 그들을 알며 그들은 나를 따르느니라."

여기에도 매우 감미로운 내용이 있습니다. 형제자매들이여, 그리스도의 참된 양인지 여부를 아는 방법을 알고 싶습니까? 그것은 바로 그리스도의 참된 양은 그리스도를 따른다는 것입니다. 그것이 그리스도의 참된 양의 표시입니다. 그들은 목자의 음성을 알고 또 목자가 이끄는 대로 따라 갑니다. 우리는 과연 이 복된 하나님의 말씀을 통해서 목자의 음성을 듣고 있습니까? 때때로 우리는 베드로처럼, 멀찍이 떨어진 상태에서 따라갑니다. 하지만 그렇게 멀리 떨어진 곳은 좋지 않은 곳이라는 것을 여러분은 이미 알고 있습니다. 양은 선한 목자를 가까이에서 따르는 동물로 알려져 있습니다.

오래 전에 사랑하는 생키 씨(Mr. Sankey)와 나는 시카고에 있었고, 그곳에서 시리아에서 온 선교사를 만났습니다. 그 때 한 친구가 그에게 "양치기들은 양을 한꺼번에 물에 데리고 오나요?"라고 물었습니다. "네 그렇습니다. 양들을 시원하게 해주기 위해 모두 물가로 데리고 옵니다"라고 대답했습니다. 나는 "그래서 양들이 모여서 말씀을 먹는 것이구나"라는 생각을 해보았습니다. 그렇게 해서 그들은 새로운 생기를 얻고 활력을 얻게 되는 것입니다. 그럴 때 우리는 그들이 그리스도의 양이라는 사실을 알게 되는 것입니다. 양들은 먹기를 다 마치면, 그들은 모두 그들 자신의 목자를 따르게 될 것입니다.

그래서 나의 친구는 만일 그들이 목자를 따르기를 거부하는 일은 있는지 물었습니다. "맞아요. 가끔 양이 병에 걸리면, 따르려고 하지 않아요." 이제, 나는 여러분 모두가 관대하고 자비로운 사람이 되어 주시기를 부탁드리고 싶습니다. 나는 종종 크리스천들이 내가 옳지 않다고 생각하는 일을 하는 것을 보면서, "그들은 확실히 크리스천이 아닌거야"라고 말하곤 했습니다. 하지만 이제 나는 모든 사람이 그의 말을 직접 들어보아야 한다고 생각합니다. 만일 그가 여전히 그리스도 예수를 믿는 믿음을 고백한다면, 나는 그의 말을 믿어줄 것입니다. 우리가 그런 사람이 크리스천답지 않은 행동을 하는 것을 보고 또 명백하게 세상으로 가는 것을 보았을 때에라도 그가 그리스도의 양이 아니라고 말해선 안됩니다. 어쩌면 그는 병에 걸린 아픈 양일 수도 있고, 지금은 건강하지 않은 상태에 있을 수가 있기 때문입니다. 아픈 양은 잘못된 길을 가고 있고, 그들 마음이 내키는 대로 살아갈 수가 있습니다. 건강한 양은 목자를 잘 따르는 것으로 알려져 있습니다. "내 양은 내 음성을 들으며 나는 그들을 알며 그들은 나를 따르느니라." 여러분은 아픈 양을 본 적이 있습니까? 양 무리 가운데서 아픈 양을 보는 것은 슬픈 일입니다. 여러분은 양들 사이에 종종 매우 나쁜 병이 나타나는 것을 본 적이 있을 것입니다. 양의 발에, 입에 병이 생길 수 있습니다. 이 두 부분은 항상 함께 병에 걸리는 부위입니다. 만일 병이 발에 발생하게 되면, 곧 입에도 나타납니다. 만일 크리스천 한 사람이 여러분을 방문했는데, 곧 어떤 형제에 대해서 이러저러한 말을 하기 시작하고, 그에 대한 가십거리를 이야기하기 시작한다면, 여러분은 가능한 그 사람에게서 멀리 떨어져 있어야 합니다. 그는 지금 주님과의 사귐 속에서 걷지 않는 사람입니다. 그는 발과 입에 병이 든 상태이고, 그것은 매우 전염성이 강합니다. 그에게서 떨어지십시오. 주님은 자신의 양이 아프길 바라지 않으시며, 오직 건강하고 강건하기를 원하십니다.

이제 "알다"라는 작은 단어에 주목해보시기 바랍니다. 이 단어는 이 복된 책에서 나에게 가장 큰 위로를 주었던 단어 중 하나입니다. "나는 그들을 알며." 이 얼마나 감미로운 구절입니까! 형제자매들이여, 여러분이 지금 뉴욕의 번화한 거리를 지나가고 있다고 상상해보시기 바랍니다. 사람들은 여러분이 크리스천인 줄 알아보지 못할 것입니다. 여러분은 거리에서 여러분 자신을 알아보는 사람을 만나지도 못할 것이며, 또한 친절한 말을 들을 수도 없을 것입니다. 내가 처음 뉴욕에 갔을 때, 나는 브로드웨이를 걷고 있었습니다. 그처럼 큰길을 걷고 있는 수천 명의 사람들이 있었지만, 아무도 나를 알아보지 못했기 때문에, 나는 그곳에서 완전히 혼자라는 생각을 했습니다. 비록 세상이 우리를 알지 못할지라도 그리스도께서 "나는 너를 안다"고 말씀하신다는 사실을 이해하는 것은 우리에게 얼마나 감미로운 일인지 모릅니다. 목자이신 그리스도는 자기의 양을 알고 있습니다.

내가 태어난 맨체스터에서는, 성령강림절(Whitsun) 주간에 "연례 축제"라고 부르는 행사를 하곤 했습니다. 성령강림절 주간마다 학교들은 정해진 장소로 행렬을 지어 행진하는데, 성령강림절 월요일은 가장 성대한 축제가 벌어졌습니다. 감리교회 학교의 교수들은 그 날 외출을 합니다. 2년 전에 한 여성이 거리에 서 있었습니다. 한쪽에 어린 소녀 한 명의 손을 잡고 있었고, 또 다른 쪽에도 소녀 한 명의 손을 잡고 있었습니다. 행진 행렬이 가까이 다가오고 있었고, 그들과 교수들 사이에 허다한 사람들의 무리가 있었기 때문에, 그들은 아무 것도 볼 수 없었습니다. 한 여성이 앞으로 밀치고 나오면서, 몇몇 남자들에게 이 소녀들이 앞에 설 수 있게 해달라고 부탁했고, 그들은 소녀들을 볼 수 있었습니다. 남자들은 친절하게 "네, 원한다면 당신도 앞으로 나오세요"라고 말했습니다. 이제 교수들이 왔고, 첫 번째 학교가 지나갔고, 또 다른 학교가 지나갔으며, 또 다른 학교가 왔습니다. 그 어머니는 거기엔 관심을 두지 않는 듯 했습니다. 그녀는 눈을 먼 곳에 고정시켰고, 이 학교들은 자세히 보려고 하지 않는 것 같았습니다. 곧 그들은 산업 학교의 피리 부는 소리와 드럼 치는 소리를 들었습니다. 그녀는 그 소리를 듣자마자 "윌리가 오고 있어"라고 말했습니다. 밴드가 도착했고, 고학년 학생들이 지나갔지만, 어머니는 그들에 대해선 신경 쓰지 않는 것 같았습니다. 그러나 코듀로이 옷을 입은 저학년 학생들이 도착했을 때, 그녀는 열심히 그들을 둘러보면서 곧 "윌리! 윌리!"라고 소리를 쳤습니다. 잠시 후 한 소년이 대열에서 뛰쳐나왔고, 그녀는 그를 팔로 껴안고 그에게 입맞춤을 했습니다. 그녀는 그에게 1페니 짜리 오렌지를 주었고, 그는 다시 행진 행렬 가운데 자신의 자리에 들어가 계속 행진을 했습니다. 그녀는 그 엄청난 인파의 사람들 속에서도 자기 아들을 알아보았고, 그에게 사랑을 표현했습니다. 그가 지나갈 때, 그 여성의 눈은 한편으론 그를 찾았고, 마음은 한편으론 그를 사랑했습니다. 그녀는 자신의 아들을 알아보았고, 자신의 아들을 돌보았습니다. 그렇습니다. 선한 목자께서는 우리를 돌보십니다. 그분은 우리를 알고 또 우리를 돌보십니다. 그리고 이제 "내 양은 내 음성을 들으며 나는 그들을 알며 그들은 나를 따르느니라"고 말씀하십니다. 사랑하는 여러분, 여러분과 내가 선한 목자를 알면 알수록, 우리는 더욱 가까이 그분을 따르게 될 것이고, 더욱 그분을 사랑하게 될 것입니다. 왜냐하면 우리는 그분의 크신 사랑을 더욱 깊이 이해하게 될 것이기 때문입니다.

이제 사무엘상 17장을 보겠습니다. 여기서 우리는 주 예수님께서 "내 양은 영원히 멸망하지 아니할 것이요"라고 하신 말씀의 작은 예화를 볼 수 있습니다. 33절에서 37절을 보시기 바랍니다. 이제 우리는 양을 공격하기 위해서 다가오는 두 마리의 다른 짐승, 곧 사자와 곰을 볼 수 있습니다. 그리고 우리는 다윗이 그들의 입에서 가련한 어린 양을 구하려는 목적에서 그 두 짐승을 쳐 죽인 것을 볼 수 있습니다. 목자는 가련한 어린 양을 구해냈습니다. 이것이 주는 교훈이 무엇입니까? 사자만큼 강한 동물은 없습니다. 사탄은 포효하는 사자입니다. 그러나 사자가 할 수 없는 한 가지 일이 있습니다. 즉 사자는 꾀를 부리는 일을 할 줄 모릅니다. 반면 사람들은 지구상에서 가장 교활한 것은 곰이라고 말합니다. 곰은 어디든 갈 수 있습니다. 사자는 나무에 오를 수 없지만 곰은 오를 수 있습니다. 그러므로 이것은 사탄의 힘이 무엇인지를 보여줍니다. 사자는 힘을, 곰은 교활함을 말해줍니다. 어떤 사람들은 자신들이 경험했던 놀라운 경험에 대해 이야기하면서 흥분하곤 합니다. 여러분이 곰을 피해 아무리 높은 나무에 올라가도 곰은 따라올 수 있습니다. 곰은 여러분이 올라간 나무를 타고 똑같이 오를 수 있습니다. 사자의 힘과 곰의 교활함은 어린 양을 물어가지만, 다윗은 그것들을 따라가서 쳐 죽이고 양을 건져내었습니다. 우리의 목자께서도 마귀의 힘과 마귀의 교활함을 넉넉히 이길 수 있는 힘과 권세가 있습니다. 사탄의 힘이 아무리 강하고, 사탄의 교활함이 아무리 커도 목자의 양 떼 가운데서 한 마리의 양도 빼내어 갈 수 없습니다.

이제 누가복음 15장 3-7절을 보겠습니다. 여기엔 우리가 좋아하는 "양 아흔 아홉 마리는"이라는 찬송가의 원래 비유가 있습니다.

"예수께서 그들에게 이 비유로 이르시되 너희 중에 어떤 사람이 양 백 마리가 있는데 그 중의 하나를 잃으면 아흔아홉 마리를 들에 두고 그 잃은 것을 찾아내기까지 찾아다니지 아니하겠느냐 또 찾아낸즉 즐거워 어깨에 메고 집에 와서 그 벗과 이웃을 불러 모으고 말하되 나와 함께 즐기자 나의 잃은 양을 찾아내었노라 하리라 내가 너희에게 이르노니 이와 같이 죄인 한 사람이 회개하면 하늘에서는 회개할 것 없는 의인 아흔아홉으로 말미암아 기뻐하는 것보다 더하리라."

혹시 이 찬송가의 제목을 듣자마자 이 비유를 이미 다 알고 있다는 생각이 들지 않습니까? 왜냐하면 이 비유는 그저 몇 개의 구절로 이루어졌기 때문입니다. 목자는 아흔 아홉 마리를 들에 두고 한 마리의 양을 찾아 나섰습니다. 그렇습니다. 이전에 우리가 길을 잃었을 때, 선한 목자께서 여러분과 나를 찾아오시지 않으셨나요? 우리는 목자를 떠나 방황했지만, 그분은 찾아 오셔서 우리를 그분의 어깨에 메셨습니다. 여러분은 여기서 그저 어깨가 아니라 "어깨들(shoulders)"이라는 단어가 사용된 것을 보신 적이 있습니까? 이 불쌍한 양은 어깨에 짊어지고 와야만 했습니다. 이 양을 위해선 양 어깨가 필요했습니다. 이사야서 9장 6절을 보겠습니다. "이는 한 아기가 우리에게 났고 한 아들을 우리에게 주신 바 되었는데 그의 어깨에는 정사를 메었고(the government shall be upon his shoulder)." (사 9:6) 이 구절을 보면 우리는 우리 주님이 하나의 어깨로 온 우주의 정사를 메기에 충분한 것을 볼 수 있습니다. 그렇지만 길 잃은 양을 데려오는 데에는 양 어깨가 모두 필요했다는 사실을 묵상해보시기 바랍니다.

이제 우리는 목자는 그 양을 아흔아홉 마리의 양들에게가 아니라 집으로 데려가야 했는지에 대해서 생각해보겠습니다. 아마도 그들은 "네 꼴을 좀 봐. 온통 더러워지고 흉측하게 되었네"라고 온갖 비난과 억측의 말을 남발했을 것입니다. 그렇다면 그 양은 또 다시 집을 나가게 될 것이고, 또 다시 떠돌아다녀야 했을 것입니다. 우리가 진정으로 목자의 사랑과 보살핌을 이해하게 될 때에만, 우리는 다시는 목자를 떠나는 일이 없을 것입니다.

이사야서 40장 11절을 살펴보겠습니다.

"그는 목자같이 양 떼를 먹이시며 어린 양을 그 팔로 모아 품에 안으시며 젖 먹이는 암컷들은 온순히 인도하시리로다."

이것은 매우 감미로운 구절입니다. 여러분은 여기서 하나님이 어린 양들을 "그 팔로 모아 품에 안으신다"고 약속하신 것을 볼 수 있습니다. 하나님께서 길을 떠나 방황하는 양을 데리고 오실 때, 그분은 자신의 "어깨에 메고(on His shoulders)" 오셨습니다. 여기서 길을 잃은 양은 어린 양이 아니었다는 점에 나는 감사한 마음이 듭니다. 많은 사람들은 젊은 청년이 회심하는 것을 두려워하곤 합니다. 그렇지만 성경은 늙은 회심자들도 젊은 회심자들 못지않게 길을 잃고 헤매인다고 말하고 있습니다. 여러분은 주 예수 그리스도께서 이 땅에 계실 때, 어머니들이 어린 아이들을 그분에게 데리고 왔고, 그분은 그들을 품에 안고 축복해 주신 사실을 알고 계실 것입니다. 주님이 여기서 그분의 팔로 안고 축복해주신 사람들은 바로 젊고 어린 양들이었습니다. 그렇게 하신 데에는 목적이 있었습니다. 이 구절은 주님이 또한 젖먹이는 암컷들을 온순히 인도하시리라고 말하고 있습니다. 주님은 어린 양들을 안고 다니십니다. 어째서 그럴까요? 바로 어머니 양을 돕기 위한 목적으로 그렇게 하시는 것입니다. 여러분은 어른 양들이 가끔 길을 잃는다는 것을 아시나요? 세상은 매력적으로 보이지만, 아름다운 거품처럼 허무할 뿐입니다. 주님은, 의심의 여지없이, 양을 다시 데리고 오실 것입니다. 내가 믿기론, 우리가 돌아오지 않으면, 주님은 우리를 억지로라도 데리고 오실 것입니다. 강제로라도 우리로 하여금 돌아오게 하실 것입니다.

얼마 전에, 나는 시골에 있는 친구들을 방문했습니다. 들판에는 양과 어린 양들이 많이 있었습니다. 나는 동양의 양치기들을 흉내 내서 양들이 나를 따라오게 해보면 어떨까? 라는 생각을 했습니다. 그래서 나는 개를 달래듯이 양 한 마리를 달래려고 애를 쓰기 시작했습니다. 그 양은 전혀 나를 신경 쓰지 않는 눈치였고, 친구는 말하길, "당신은 양에 대해서 아무 것도 모르는 것 같습니다. 그렇지 않았다면 그 양이 당신을 좇아오도록 시도하는 일은 없었을 것 같습니다"라고 했습니다. 하지만 나는 아랑곳하지 않고 하던 일을 계속했습니다. 결국 나는 어미 양을 좇아가서, 어린 양들 가운데 한 마리를 잡아서 안고 왔습니다. 그러나 어미 양은 나를 좇아오지 않았고, 다만 새끼 양과 함께 있을 뿐이었습니다. 나는 내가 잡은 어린 양을 친구에게 주고, 두 번째 양을 좇아갔으며, 그 양을 잡고서 팔로 끌어안았습니다. 음, 여러분은 그때 어미 양을 보았어야 했습니다. 어미 양은 나를 물끄러미 쳐다보다가 가능한 나에게 가까이 다가오려고 했습니다. 내가 걸을 때 어미 양도 걸었고, 내가 달릴 때 어미 양도 달렸습니다. 나는 어린 양들을 더 이상 안고 달리는 것이 힘들어져서, 그 어린 양들을 어미 양에게 돌려주었습니다.

자, 사업을 하고 있는 한 남자의 이야기를 해드리겠습니다. 그는 성경을 조금 읽고, 대부분의 시간을 자신의 사업을 키우는 일에 사용하고 있습니다. 밤에도 그는 일 때문에 성경을 읽을 시간이 없습니다. 그는 최근 큰 주문을 받았으며, 사업이 확장되길 바라고 있습니다. 그런 그에게 어린 딸이 있었는데, 그녀는 그야말로 온 집을 밝히는 빛이며 생명이었습니다. 그 딸의 마음은 기쁨으로 가득 차 있습니다. 그 딸은 아버지가 집에 돌아올 때마다 달려 나가 아버지를 환영해줍니다. 어느 날 그는 작은 딸이 자신을 맞이하려 나오지 못하는 것을 보고, 어린 딸이 아프다는 것을 알게 되었습니다. 그녀는 끔찍한 질병인 디프테리아에 걸렸습니다. 의사가 옵니다. "우리 아이를 위해 무엇이든 해주세요?" "네 최선을 다하겠습니다"라고 의사가 대답합니다. 하지만 의사는 그녀가 죽어가고 있다고 말합니다. 아빠는 다정한 얼굴로 바라보다가 아이를 자신의 팔로 안아줍니다. 만일 그가 딸아이를 낫게 할 수만 있다면, 그의 재산, 그의 사업, 심지어 그가 가진 전부일지라도, 무엇인들 내주지 않겠습니까? 이 상황에서 "해외 대량 주문"이 무슨 의미가 있으며, 그의 통장이 찍힌 숫자가 무슨 의미가 있을까요? 그는 자신의 아이를 건강하게 할 수만 있다면,

이 세상에서 자신이 가지고 있는 모든 것을 바치고 싶어 했습니다. 그 아이는 그런 그를 바라보며, 가능한 힘을 다해 "아빠, 천국에 저를 만나러 꼭 와주세요?"라고 말했습니다. 그리고 그 아이는 죽었고, 시신은 묘지로 옮겨졌으며, 거기에 묻혔습니다. 아버지는 그녀의 무덤에 가서 그 위에 꽃을 올려 두었습니다. 하지만 그녀는 거기 있을까요? 아닙니다. 아버지들이여, 아닙니다. 어머니들이여. 당신의 어린 자녀는 거기에 없습니다. 여러분은 어째서 슬퍼하시나요? 그녀는 하늘 아버지의 집으로 갔습니다. 그곳은 저 하늘에 있는 집입니다. 하나님은 당신이 여기 이 땅에 있는 모든 것이 "다 헛되어 바람을 잡으려는 것"일 뿐임을 알기를 원하십니다. 선한 목자께서는 당신이 그분 자신을 따르길 원하십니다. 그분은 양들을 위하여 자신의 목숨을 바치신 분이십니다.

오, 나의 친구들이여, 세상을 따르지 마십시오. 당신의 마음이 이끄는 대로 살지 마십시오! 선한 목자를 가까이 따르고, 늘 그분의 곁에 가까이 계십시오. 그리하면 주님이 당신을 푸른 초장과 쉴만한 물가로 인도하실 것입니다. 그리하면 여러분은 이전에는 경험해본 일이 없을 정도로, 주님을 사랑하고 섬기게 될 것입니다. 이제 하나님께서 그분의 거룩한 영으로 말미암아, 하나님의 이름을 위하여 목자이신 우리 주님을 더욱 더 우리에게 친밀하게 해주시길 빕니다. 아멘.

제4장 하나님의 어린양

"하나님의 어린 양을 보라!" (요 1:29)

이 구절과 더불어 성경의 몇 구절을 함께 살펴보겠습니다. 내가 믿기론, 이 성경 구절들은 주 예수 그리스도를 하나님의 어린 양으로 말하고 있는 다른 어떤 구절보다 우리의 마음을 기쁨으로 가득 채워줄 것입니다.

첫 번째 본문은 출애굽기 12장에 있습니다. 이 출애굽기 12장은 우리가 성경에서 어린 양의 죽음에 대해서 읽을 수 있는 첫 번째 본문입니다. 창세기 4장에서 우리는 아벨이 "가축들 중에서 첫 새끼를 드렸더니(brought the firstlings of the flock, KJV 직역)"라는 구절을 볼 수 있지만, 어린 양이라는 단어는 전혀 언급되고 있지 않습니다. 그리고 창세기 22장에서 우리는 아브라함과 이삭이 모리아 산을 오르는 도중에, 이삭이 아버지에게 "번제할 어린 양은 어디 있나이까?"라고 묻는 장면을 볼 수 있습니다.

그러나 우리는 산꼭대기에서 번제로 바쳐지는 것이 어린 양이 아니라 숫양이라는 것을 알고 있습니다. 그러므로 어린 양을 희생제물로 바치는 어린 양의 죽음이란 구절을 가장 처음으로 기록하고 있는 곳은 출애굽기 12장인 것입니다. 여기서 그 어린 양이 주 예수 그리스도를 가리키고 있다는 점에는 조금도 의심의 여지가 있을 수 없습니다. 왜냐하면 사도 바울이 우리에게 "우리의 유월절 양 곧 그리스도께서 희생되셨느니라"(고전 5:7)고 말하고 있기 때문입니다. 자, 출애굽기 12장은 자주 설교의 대상으로 삼는 장입니다. 나는 이 전체 내용을 다루려는 것이 아니라, 여기에 나타난 단지 한 두 가지 아름다운 사실을 살펴보고자 합니다. 성령의 역사와 감동이 있으면, 항상 하나님의 말씀에서 새로운 것을 얻을 수 있기 때문입니다.

우선적으로 최초의 유월절이 있던 그날 밤, 우리는 적어도 25만 마리 이상의 어린 양들이 죽임을 당했을 것이라고 추측해볼 수 있습니다. 그럼에도 우리는 출애굽기 12장에서 복수형 어린 양들(lambs)이란 단어를 찾아볼 수 없습니다. 유월절 어린 양이란 단어는 항상 단수형으로 제시되고 있으며, 한 번도 복수형으로 사용된 적이 없습니다. 하나님께서 이 어린 양들을 죽이라고 말씀하실 때에, 그들을 죽이라고 말씀하신 것이 아니라, "해 질 때에 이스라엘 회중이 그 양을 잡고(kill it in the evening)"(6절)라고 말씀하셨습니다. 마치 하나님께서는 그들 가운데서 오직 한 마리의 어린 양만을 보고자 하시는 것 같았습니다. 즉,

모든 양들을 대표하는 단 하나의 하나님의 흠 없는 어린양 (One Grand Presentation of His spotless Lamb)입니다.

그러므로 출애굽기 12장 내내 언급되는 것은 바로 그 어린 양이며, 성경이 가리키는 것은 바로 하나님의 어린 양인 것입니다.

21-23절을 보겠습니다.

"모세가 이스라엘 모든 장로를 불러서 그들에게 이르되 너희는 나가서 너희의 가족대로 어린 양을 택하여 유월절 양으로 잡고 우슬초 묶음을 가져다가 그릇에 담은 피에 적셔서 **그 피를 문 인방과 좌우 설주에 뿌리고** 아침까지 한 사람도 자기 집 문 밖에 나가지 말라 여호와께서 애굽 사람들에게 재앙을 내리려고 지나가실 때에 문 인방과 좌우 문설주의 **피를 보시면** 여호와께서 그 문을 넘으시고 멸하는 자에게 너희 집에 들어가서 너희를 치지 못하게 하실 것임이니라."

여러분이 출애굽기 12장을 자세히 읽어 보면, 이집트 사람을 멸망시키려는 존재는 천사가 아니라, 여호와 하나님이신 것을 알게 될 것입니다. 바로 여호와께서 이집트 사람들에게 재앙을 내리실 것이며, 어린 양의 피를 바르지 않은 모든 가족들을 치고자 하셨던 것입니다. 성경의 다른 곳을 보면, 하나님이 천사를 보내실 때에는 다만 적을 멸망시키고자 하실 때였습니다. 하지만 여기선 하나님의 백성들을 안전하게 지키는 문제였습니다.

마치 하나님께서 천사들을 신뢰할 수 없으셨기 때문에 친히 오셔야 했던 것처럼 보입니다. 계속해서 이 장을 읽어가다 보면, 우리는 이 일을 행하시는 주체가 천사가 아니라 여호와 하나님이신 것을 볼 수 있습니다.

그렇다면, 무엇을 가지고 피를 문 인방과 좌우 문설주에 뿌렸던 것일까요? 그것은 우슬초였습니다. 나는 이것이 나름 의미가 있다고 생각하지만, 어떤 사람들은 나의 의견에 동의하지 않을 수도 있다고 봅니다. 성경은 솔로몬이 "레바논의 백향목으로부터 담에 나는 우슬초까지" 해박하게 알고 있었다는 사실을 우리에게 말해줍니다. 백향목은 자부심과 장엄함을 의미한다는 것은 누구나 알고 있습니다. 그래서 같은 원칙에서, 우슬초는 겸손과 낮은 자세를 의미한다고 보여 집니다. 자부심과 피는 결코 어울리지 않습니다. 우리가 교만한 마음을 어디서 보든지, 거기엔 피가 없다고 확신할 수 있습니다.

대속제물을 보여주는 그림

"나귀의 첫 새끼는 다 어린 양으로 대속할 것이요 그렇게 하지 아니하려면 그 목을 꺾을 것이며 네 아들 중 처음 난 모든 자는 대속할지니라." (출 13:13)

우리는 여기서 즉시 대속제물에 대한 매우 강력한 그림을 볼 수 있습니다. 여기엔 부정한 짐승인 나귀가 있습니다. 나귀는 태어나자마자 사형선고를 받습니다. 대속제물 외에는 그 무엇으로도 나귀를 구원할 수 없습니다. 많은 사람들은 자신은 대속제물이 필요하지 않다는 말을 합니다. 단지 자신들이 원하는 것은 마음의 계발이라고 말합니다. 글쎄요. 당신은 얼마든지 나귀의 마음을 계발시킬 수 있지만, 그것은 중요하지 않습니다. 대속이 없으면, 그 목을 반드시 꺾어서 죽여야 합니다. 사람도 동일한 목록에 올라가 있습니다. 당신은 얼마든지 사람을 교육시킬 수 있습니다. 하지만 대속제물을 찾지 않으면, 그래서 그가 거듭난 일이 없다면, 그는 결코 하나님의 나라를 볼 수 없습니다.

복음에 대한 계획

"이스라엘 자손에게 말하여 이르기를 너희는 속죄제를 위하여 숫염소를 가져오고 또 번제를 위하여 일 년 되고 흠 없는 송아지와 어린 양을 가져오고 또 화목제(peace offerings)를 위하여 여호와 앞에 드릴 수소와 숫양을 가져오고 또 기름 섞은 소제물을 가져오라 하라 오늘 여호와께서 너희에게 나타나실 것임이니라 하매." (레 9:3,4)

여기서 우리는 기독교의 전체 계획에 대한 선명한 그림을 볼 수 있습니다. 우선적으로 이스라엘 자손은 속죄제물을 가져 와야 했고, 그 다음엔 번제물을, 세 번째로 화목제물을, 마지막으로는 소제물을 가져 와야 했습니다.

여기서 우리는 복음에 대한 계획을 볼 수 있습니다. 우리가 해야 할 첫 번째 일은 그리스도를 죄를 지고 가는 하나님의 어린양으로 믿는 것입니다. 주 예수 그리스도께서 우리를 위해 죽으셨기 때문에, 우리를 위한 속죄제물이 바쳐졌습니다. 우리가 속죄제물을 바쳤다고 해서, 그리스도께서 더 이상 나에게 필요 없는 존재가 되거나, 아니면 기독교 신앙이 완성되는 것이 아닙니다. 속죄제물을 바친 것은 단지 시작일 뿐, 결코 끝이 아닙니다. 다음은 무엇을 바쳐야 할까요? 바로 번제입니다. 번제란 무엇일까요? 무언가를 하나님께 바치고자 제단 위에 올려놓는 것이며, 한번 올려놓으면 도로 찾아갈 수 없습니다. 하나님께서 요구하신 제물을 하나님께 바치는 것이며, 성막 안으로 가져와서 제단 위에 올려놓고 불에 태우는 것입니다. 속죄제물의 경우는 회막 문 앞에서 잡았지만, 번제의 경우는 달랐습니다. 번제는 무엇을 의미하는 것일까요? 그렇습니다. 바로 자신을 거룩히 구별하여 드리는 헌신(Consecration)을 뜻합니다.

하나님은 나에게 무엇을 요구하실까요? *나의 죄를 제거하셨기 때문에, 하나님은 나에게서 거룩한 삶을 기대하십니다.* 거룩히 구별되었기 때문에 구원받은 것이 아니라, 구원받았기 때문에 거룩히 구별되어야 하는 것입니다. "그러므로 형제들아 내가 하나님의 모든 자비하심으로 너희를 권하노니 너희 몸을 하나님이 기뻐하시는 거룩한 산 제물로 드리라 이는 너희가 드릴 영적 예배니라."(롬 12:1) 이렇게 거룩한 산 제물로 드리는 것은 우리의 영혼뿐만 아니라 우리의 몸도 드려야 합니다. 사람들은 종종

"나도 한 때는 그처럼 강렬한 감정을 느낄 때가 있었습니다"라는 말을 하곤 합니다. 그런 것은 자신을 거룩히 구별하여 드리는 헌신이 아닙니다. *거룩한 헌신이란 모든 구원받은 남자와 모든 구원받은 여자가 온전히 하나님께 자신을 바치는 것이며, 주인님께서 짊어지셨던 고난과 시련을 기꺼이 짊어질 준비를 이미 끝낸 것입니다.* 우리의 손과 발을 거룩하게 하고 주인님을 위해 사용하는 것입니다. 우리의 혀도 주인님을 위해 사용하는 것입니다. "우리는 영적으로 성별되었습니다"라고 말하는 것만으로는 충분하지 않습니다. 하나님은 "나는 너의 몸을 원한다"라고 말씀하고 계시기 때문입니다.

하지만 이것이 전부가 아닙니다. 번제 뒤에 화목제물이 등장하고 있습니다. 하나님과 화목이 이루어진 남자와 여자는 거룩히 성별된 남자와 여자입니다. 하나님과 화목이 이루어진 사람만이 하나님의 평강을 가진 사람입니다.

그리고 나서 소제물이 소개되고 있습니다. 그렇다면 소제는 무엇을 의미하는 것일까요? 소제는 바로 하나님의 어린 양을 먹는 것입니다. 어째서 그토록 많은 크리스천들이 성경을 읽기보다 신문 읽는 것을 더 좋아하는 것일까요? 왜냐하면 그들은 번제물을 드리지 않았기 때문이며, 거룩히 성별되지 않았기 때문이며, 화목제물을 드리지 않았기 때문에 하나님의 평강을 알지 못하기 때문입니다. 그래서 그들은 성경을 읽어도 아무런 감흥을 느끼지 못하는 것입니다. 죄를 제거하고, 몸을 산 제물로 바치고, 하나님의 평강을 누리게 되면, 하나님의 보배로운 말씀에 계시된 대로 하나님의 어린 양을 먹을 수 있습니다. 그토록 많은 크리스천들이 생명의 빵을 먹는 것을 기쁨으로 누리고 있지 못하는 이유는 그들이 나쁜 양심을 가지고 있기 때문입니다. 그들은 어떤 은밀한 죄를 키우고 있고, 그들은 하나님께 실제적으로 헌신되지 않았기 때문에, 그런 이유 때문에 그들은 하나님의 진리의 말씀을 누릴 수가 없는 것입니다.

가장 큰 대적

"이스라엘 자손이 미스바에 모였다 함을 블레셋 사람들이 듣고 그들의 방백들이 이스라엘을 치러 올라온지라 이스라엘 자손들이 듣고 블레셋 사람들을 두려워하여 이스라엘 자손이 사무엘에게 이르되 당신은 우리를 위하여 우리 하나님 여호와께 쉬지 말고 부르짖어 우리를 블레셋 사람들의 손에서 구원하시게 하소서 하니 사무엘이 젖 먹는 어린 양 하나를 가져다가 온전한 번제를 여호와께 드리고 이스라엘을 위하여 여호와께 부르짖으매 여호와께서 응답하셨더라 사무엘이 번제를 드릴 때에 블레셋 사람이 이스라엘과 싸우려고 가까이 오매 그 날에 여호와께서 블레셋 사람에게 큰 우레를 발하여 그들을 어지럽게 하시니 그들이 이스라엘 앞에 패한지라."(삼상 7:7-10)

이스라엘 사람들은 한 가지 유익한 교훈을 얻었는데, 그것은 블레셋 사람을 두려워해야 한다는 것이었습니다. 개인이나 교회에게 필요한 첫 번째 교훈은 그 개인이나 교회가 대적인 사탄을 두려워해야 한다는 사실입니다. 오늘날 많은 사람들이 사탄을 무시하는 경향이 있는데, 여기에 끔찍스러운 위험이 있습니다. 어느 날 한 여인이 나에게 이런 말을 했습니다. "당신은 인격적인 존재로서 악마를 믿을 만큼 어리석지는 않겠지요?" 그래서 나는 "아, 그래요. 나는 어리석지만 그렇게 믿고 있습니다"라고 대답했습니다.

"왜 그렇게 믿고 있나요?"

"내가 인격적인 그리스도를 믿는 것과 같은 이유로 그렇게 믿고 있습니다. 성경은 두 가지 사실을 모두 말하고, 성경은 거짓말을 할 수 없기 때문입니다."

성경이 그렇게 말하고 있는 것으로 나에겐 충분합니다. 우리는 오늘날 사탄에 관한 노래들을 많이 들을 수 있는데, 마치 사탄을 신화에만 나오는 존재처럼 말하고 있습니다. 우리는 거리에서 사람들이 사탄에 대한 노래를 부르는 것을 들을 수 있습니다. 사탄은 그런 것을 매우 좋아합니다. 그는 단지 사람들이 그의 존재를 의심하기를 바라고 있습니다. 사탄에 대해서 그렇게 가볍게 노래하는 사람들은 사탄이 가지고 있는 무서운 힘을 전혀 모르고 있습니다.

사탄은 그리스도를 미워했던 것처럼 교회도 미워합니다. 그리고 그는 주인님에게 했던 것처럼 교회에게도 위해를 가하고자 애쓰고 있습니다. 우리는 그를 두려워해야 하며 또한 피하는 법을 배워야 합니다. 어느 날 밤 한 남자가 이렇게 말했습니다.

"오, 나는 악마와 싸웠어!"

"그래서 그를 이겼나요?"

"아니오. 나는 그의 맞상대로 막상막하였습니다!"

나는 여러분에게 이렇게 말씀드리고 싶습니다. 하나님의 교회는 그 오랜 대적의 맞상대가 되지 못하며, 된 적도 없습니다. 우리에겐 그리스도의 능력이 필요합니다! 우리에겐 우리를 위해 싸워줄 인격적인 그리스도가 필요합니다. 나는 전에 어린 소년을 통해서 교훈을 얻은 적이 있습니다. 그는 큰 소년과 싸우고 있었는데, 큰 소년이 그를 한 대 쳤습니다. 그러자 어린 소년은 말하길, "내가 너와 맞붙어 싸우는 것은 아무래도 소용이 없다. 너는 나보다 훨씬 크다. 그러니 내가 아버지를 데려올 때까지 여기서 기다려, 그러면 그가 너를 때려줄 거야." 물론 그 큰 소년은 기다리지 않았습니다. 하지만 여기서 교훈을 얻읍시다. 우리가 사탄과 싸우려는 행동은 아무 소용이 없습니다. 다만 무릎을 꿇고 하나님께 도움을 구하는 기도를 해야 합니다. 그러면 사탄은 기다리지 않고 줄행랑을 칠 것입니다.

번제로 드려진 어린 양

이제 이스라엘 사람들은 두려워하여, 하나님께 도움을 요청하였습니다. 그들은 사무엘에게 갔고, 그는 무엇을 하였습니까? 그는 "젖 먹는 어린 양 하나를 가져다가 온전한 번제를 여호와께" 드렸습니다. 온전한 양이 거기에 있었습니다. 우리에게 주는 교훈은 하나님의 온전한 어린 양이신 예수 그리스도, 하나님의 아들이시며 인자이신 예수 그리스도를 하나님이 공급하시는 자원으로 받아들이는 것입니다. 블레셋 사람들은 이렇게 말했을 것입니다. "젖 먹는 어린 양 따위를 두려워할 우리가 아니다. 우리는 너희를 둘러싸고 있다. 우리는 너를 멸망시킬 것이다." 그러나 하나님은 블레셋 사람들에게 천둥을 내리셨고, 그들을 어지럽게 하셨습니다. 그 어린 양이 하나님께 바쳐졌을 때에, 블레셋 사람들의 모든 강력한 군대를 합친 것보다 더 큰 힘이 나타났던 것입니다.

많은 사람들은 말하길, 우리가 하나님을 섬기려면 어떤 멋진 은사가 있어야 한다고 합니다. 하지만 우리에게 필요한 것은 하나님을 신뢰하는 믿음이며, 그 다음에 나가서 그리스도의 사랑에 대한 이야기로서, 복음을 단순하게 전하는 것입니다. 그리스도를 전파하는 사람은 사람들을 불러 모아 그리스도에게서 말씀을 듣게 하고자 할 것입니다. 성경의 그리스도는 여전히 강력한 힘을 가지고 있습니다. 사람들은 우리에게 오늘날 이 시대에 성경은 필요치 않다는 말을 합니다. 하지만 정말 우리에게 성경을 필요로 하는 때가 있다면, 그것은 바로 지금입니다. 복음을 전할 때 성경을 존귀하게 하십시오. 그러면 하나님께서 여러분을 존귀하게 하실 것입니다. 나는 그 복된 책, 성경 없이 하나님께로 회심하는 사람을 본 적이 없습니다. 사람들은 자신을 이런 저런 종교로 회심한 사람이라고 말을 하는데, 그런 것은 하나님께로 회심하는 것이 아닙니다.

그래서 이스라엘 사람들은 하나님을 믿는 믿음으로 어린 양 한 마리를 제물로 바쳤으며, 이로 인해 그들은 구원을 받을 수 있었습니다. 바로 이것이 우리가 대적으로부터 안전을 보장받을 수 있는 유일한 비결입니다.

구약성경에는 어린 양에 대한 많은 내용들이 있습니다. 그러므로 우리는 매우 흥미로운 많은 구절들을 참조할 수 있습니다. 하지만 이제 우리는 신약성경으로 넘어가고자 합니다. 그리고 나는 요한복음, 사도행전, 베드로전후서의 본문은 다루지 않고 성경의 마지막 책인 요한계시록을 살펴보고자 합니다.

"내가 보매 보좌에 앉으신 이의 오른손에 두루마리가 있으니 안팎으로 썼고 일곱 인으로 봉하였더라 또 보매 힘있는 천사가 큰 음성으로 외치기를 누가 그 두루마리를 펴며 그 인을 떼기에 합당하냐 하나 하늘 위에나 땅 위에나 땅 아래에 능히 그 두루마리를 펴거나 보거나 할 자가 없더라 **그 두루마리를 펴거나 보거나 하기에 합당한 자가 보이지 아니하기로 내가 크게 울었더니** 장로 중의 한 사람이 내게 말하되 울지 말라 유대지파의 사자 다윗의 뿌리가 이겼으니 그 두루마리와 그 일곱 인을 떼시리라 하더라 내가 또 보니 보좌와 네 생물과 장로들 사이에 한 어린 양이 서 있는데 일찍이 죽임을 당한 것 같더라 그에게 일곱 뿔과 일곱 눈이 있으니 이 눈들은 온 땅에 보내심을 받은 하나님의 일곱 영이더라 그 어린 양이 나아와서 보좌에 앉으신 이의 오른손에서 두루마리를 취하시니라 그 두루마리를 취하시매 네 생물과 이십사 장로들이 그 어린 양 앞에 엎드려 각각 거문고와 향이 가득한 금 대접을 가졌으니 이 향은 성도의 기도들이라."(계 5:1-8)

여기엔 하늘의 놀라운 장면이 펼쳐져 있으며, 요한계시록에서 처음으로 하나님의 어린 양에 대한 내용을 볼 수 있습니다. 요한계시록으로 오기 전에 우리가 마지막으로 어린 양에 대해서 읽은 것은 십자가 위에 달려서, 고통과 굴욕 속에 있는 모습이었습니다. 십자가는 사람이 그리스도를 매단 곳이었습니다. 하지만 이제 하나님께서 그리스도를 앉힌 곳을 보십시오! 사람은 그리스도를 수치스러운 십자가에 못 박았지만, 하나님은 그리스도를 영광의 보좌에 앉게 하셨습니다. 사람들은 그리스도를 경멸하고 배척했지만, 이제는 모두가 그분의 가치를 알기 때문에 그분을 찬송하고 있습니다.

요한이 보좌 앞으로 올라갔을 때, 그는 울기 시작했다는 사실에 주목하시기 바랍니다. 그것은 참으로 이상한 일이 아닐 수 없습니다. 왜냐하면 그 장면은 천상세계에서 슬픔의 눈물을 흘리는 유일한 모습이기 때문입니다. 나는 그것이 정말로 슬픔의 눈물이었다고 믿습니다. 어쩌면 그가 저지른 실수 때문이었을 수도 있지만, 그것은 정말로 슬픔의 눈물이었을 것입니다. 그리고 나서 질문이 있었는데, 그것은 "누가 그 두루마리를 펴며 그 인을 떼기에 합당하냐?"는 것이었습니다. 처음에는 아무 반응이 없었습니다. 요한은 주위를 둘러보았지만 아무도 앞으로 나서는 이가 없었습니다. 사람들은 저 하늘 위에 올라가게 되면 자신에 대한 바른 판단을 하게 될 것입니다. 그처럼 빛나는 하늘의 무리 가운데, 구속을 받은 허다한 사람들 가운데서, 자신을 가치 있다고 생각하는 사람은 아무도 없을 것입니다. 요한은 하늘을 둘러보았지만, 한 사람도 찾을 수 없었습니다. 그는 땅을 바라보았으나, 거기서도 발견할 수 없었습니다. 심지어 땅 아래를 내려다보았지만, 책을 열 수 있는 사람은 한 사람도 찾을 수 없었습니다. 그러자 요한이 울었습니다. 하지만 장로들 가운데 한 사람이 "울지 말라. 이곳은 슬퍼하는 곳이 아니라, 기뻐하는 곳이다"라는 말을 했습니다. 그렇습니다. 하늘에는 슬픔의 눈물이 없습니다. "하나님께서 그들의 눈에서 모든 눈물을 씻어 주실 것이기" 때문입니다(계 7:17).

그렇지만 의심의 여지없이 기쁨의 눈물은 있습니다. 대서양을 건너온 사람들은 그런 것들을 많이 보았습니다. 여기 젊은 신사와 그의 아내가 있습니다. 그들은 몇 년 동안 해외에 있었습니다. 그들은 지금 귀국하고 있습니다. 기선이 항구에 가까이 다가감에 따라, 그들은 소중한 가족들에 대해서 많은 이야기를 나누고 있었습니다. 혹시 어머니가 많이 변하셨을까, 아버지가 자신들을 만나기 위해 부두에 계실 것인가, 그리고 그들의 형제자매들은 어떤 모습일까 궁금해 하고 있었습니다. 배가 강으로 들어서게 되었고, 친밀한 감정이 가슴에서 부풀어 올랐습니다. 그들은 이제 점점 가까워지고 있었고, 당신은 그들이 멋진 풍경이나 북적이는 승객들을 보는데에는 아무런 관심이 없다는 것을 알아챘을 것입니다. 그들은 뚫어져라 부두만을 바라보고 있었습니다. 젊은 아내는 안경을 벗었다가 바로 쓰면서 매우 진지하게 바라보았습니다. "아직 아무도 안 보여요"라고 그녀는 말합니다. 그들은 점점 더 가까워집니다. 다시 안경을 들어올리며, "엄마 같이 생긴 사람을 본 것 같아"라고 말했습니다. 배는 입선 지점에 정확하게 도착했습니다. 거기엔 많은 사람들이 있었지만, 그녀는 곧 "엄마"를 보게 되었고, 그녀는 엄마의 품에 몸을 던지면서, 울음을 터뜨립니다. "엄마, 엄마!" 이것이 슬픔의 눈물일까요? 아닙니다. 말로 형용할 수 없는 기쁨의 눈물입니다. 이것은 그야말로 우리가 "마침내 하늘 본향"에 도착했을 때의 상황을 그대로 보여주는 작은 그림이 아닐까요? 장차 우리가 진주 문 앞에 도착했을 때, 우리를 맞이하고자 기다리고 있는 복된 주인님을 보게 되면, 우리의 모든 죄들을 지고 가셨으며, 우리를 맞이할 준비를 하고 계신 놀라운 하나님의 어린 양을 보게 될 것이고, 그때 기쁨으로 가득한 눈물을 흘리게 될 것이라고 생각하지 않으십니까? 그런 것이 바로 "하늘의 영광스러운 천상세계"에서 흘릴 수 있는 유일한 눈물일 것입니다.

요한이 슬픔의 눈물을 흘리며 울고 있을 때에, 장로 중 한 사람이 말하길, "요한이여, 어찌하여 보아야 할 곳을 제대로 보지 않는 것이냐?"고 했습니다. 그러자 요한은 "나는 케루빔을 살펴보았고, 이십사 장로들을 살펴보았고, 허다한 천사들과 성도들을 살펴보았으며, 땅을 살펴보았으나, 그들 가운데서 책을 펼쳐 볼 자격이 있는 사람을 한 사람도 찾지 못했습니다"라고 대답했습니다. "사실이다. 요한이여, 하지만 보좌를 보지 않고 있지 않느냐?" 요한은 보좌를 바라보았고, 더 이상 울지 않게 되었습니다. 거기에 하나님의 어린 양께서 서 계셨습니다. 어린 양께서 두루마리를 가지시고 그 인봉을 떼기에 합당하신 분이십니다! 세상에서 그분은 죽어도 마땅한 존재로 취급을 받으셨지만, 하늘에서 그분은 보좌에 앉기에 합당하시고 또한 책을 열기에 합당하신 유일한 분이십니다. 그러므로 요한계시록에서 어린 양을 처음으로 볼 수 있는 장면은 영광의 보좌에 앉아 계신 그리스도를 계시하고 있습니다.

어린 양을 따르는 일과 찬양하는 일

이제 요한계시록 7장 13-17절로 가서, 하나님의 어린 양에 대한 또 다른 그림을 살펴보겠습니다.

"장로 중 하나가 응답하여 나에게 이르되 이 흰 옷 입은 자들이 누구며 또 어디서 왔느냐 내가 말하기를 내 주여 당신이 아시나이다 하니 그가 나에게 이르되 이는 큰 환난에서 나오는 자들인데 어린 양의 피에 그 옷을 씻어 희게 하였느니라 그러므로 그들이 하나님의 보좌 앞에 있고 또 그의 성전에서 밤낮 하나님을 섬기매 보좌에 앉으신 이가 그들 위에 장막을 치시리니 그들이 다시는 주리지도 아니하며 목마르지도 아니하고 해나 아무 뜨거운 기운에 상하지도 아니하리니 이는 보좌 가운데에 계신 어린 양이 그들의 목자가 되사 생명수 샘으로 인도하시고 하나님께서 그들의 눈에서 모든 눈물을 씻어 주실 것임이라."

하나님의 구속을 받은 사람들 가운데 하나님의 어린 양이 있습니다! 그리고 그 어린 양께서 "그들의 목자가 되어주셔서 그들을 먹이시고 또 생명수 샘으로 인도하시는" 일을 하고 계심을 주목하십시오. 그분은 지상에서 자기 사람들을 위해 하시는 일을 하늘에서도 하실 것입니다.

"여호와는 나의 목자시니 내게 부족함이 없으리로다 그가 나를 푸른 풀밭에 누이시며 쉴 만한 물 가로 인도하시는도다." (시 23:1-2)

주님은 여기에 이 땅에서 우리를 만족시켜 주시고, 인도하는 일을 하십니다. 주님은 땅에서 하시던 일을 장차 하늘에서도 하실 것이며, 따라서 우리를 만족시켜 주실 뿐만 아니라 인도하는 일을 하실 것입니다.

"또 우리 형제들이 **어린 양의 피와 자기들이 증언하는 말씀으로써** 그들(마귀를) 이겼으니 그들은 죽기까지 자기들의 생명을 아끼지 아니하였도다."(계 12:11)

어린 양의 피는 마귀를 이기고 승리할 수 있는 능력의 비밀입니다.

"또 내가 보니 보라 어린 양이 시온 산에 섰고 그와 함께 십사만 사천이 서 있는데 **그들의 이마에는 어린 양의 이름과 그 아버지의 이름을 쓴 것이 있더라** 내가 하늘에서 나는 소리를 들으니 많은 물 소리와도 같고 큰 우렛소리와도 같은데 내가 들은 소리는 거문고 타는 자들이 그 거문고를 타는 것 같더라 그들이 보좌 앞과 네 생물과 장로들 앞에서 새 노래를 부르니 땅에서 속량함을 받은 십사만 사천 밖에는 능히 이 노래를 배울 자가 없더라 이 사람들은 여자와 더불어 더럽히지 아니하고 순결한 자라 어린 양이 어디로 인도하든지 따라가는 자며 사람 가운데에서 속량함을 받아 처음 익은 열매로 하나님과 어린 양에게 속한 자들이니 그 입에 거짓말이 없고 흠이 없는 자들이더라."(계 14:1-5)

"그들의 이마에는 어린 양의 이름과 그 아버지의 이름을 쓴 것이 있더라!" 이 표현에는 매우 암시적인 뜻이 담겨 있습니다. 우리는 요한계시록 13장에서 사람들이 짐승의 표를 오른손에나 이마에 받는 것을 볼 수 있습니다. 어떤 사람들은 자신의 이마에 표를 받는 것을 좋아하지 않을 수도 있습니다. 그래서 짐승은 표 받은 것을 드러내지 않도록 오른손 바닥에 그의 표를 받는 것을 허락해줄 것입니다. 반면 아버지의 이름은 그들의 이마에 새기게 될 것입니다. 그러므로 짐승의 표가 이마에 없는 것을 보는 것만으로는 충분하지 않습니다. 왜냐하면 손으로 가릴 수 있기 때문입니다. 우리가 원하는 것은 아버지의 이름이 이마에 새겨져 있는 것을 보는 것입니다. 하나님은 그분 자신과 하나님의 표시를 부끄러워하는 사람은 소유하지 않으실 것입니다. 만일 우리가 그 표시를 가지고 있다면, 모든 사람이 볼 수 있도록 이마에 표시되어야 합니다. 이마에 있는 표시에 대해서 알아야 할 것, 한 가지가 더 있는데 그것은 그 표시를 가진 사람은 정작 그것을 보지 못한다는 것입니다. 따라서 한 사람이 온전히 하나님께 헌신하게 되면, 그는 하나님의 표시에 대해서 말할 수가 없습니다. 그렇지만 그의 동료 제자들이 그 표시를 볼 것이고, 전 세계가 그것을 볼 것입니다. 하지만 사람이 스스로 하나님께 헌신했음을 자랑하고 또 그것에 대해서 이야기할 때에는, 극소수의 사람들만이 그것을 볼 수 있을 것입니다.

싸움과 승리

"하나님의 종 **모세의 노래, 어린 양의 노래를 불러** 이르되 주 하나님 곧 전능하신 이시여 하시는 일이 크고 놀라우시도다 만국의 왕이시여 주의 길이 의롭고 참되시도다 주여 누가 주의 이름을 두려워하지 아니하며 영화롭게 하지 아니하오리이까 오직 주만 거룩하시니이다 주의 의로우신 일이 나타났으매 만국이 와서 주께 경배하리이다 하더라." (계 15:3,4)

"그들이 어린 양과 더불어 싸우려니와 어린 양은 만주의 주시요 만왕의 왕이시므로 그들을 이기실 터이요 또 그와 함께 있는 자들 곧 부르심을 받고 택하심을 받은 진실한 자들도 이기리로다." (계 17:14)

내가 이 구절들을 인용한 것은 이 구절이 어린 양을 따르는 사람들의 발자취를 묘사하고 있기 때문입니다. 첫째로, 그들은 하나님을 부끄러워하지 않았고, 그 다음에 그들은 어린 양을 따르고 있습니다. 그들은 그분을 따르면서 "어린 양의 노래"를 부르고 있습니다. 하나님의 어린 양을 따르고 또한 어린 양의 피로 속량을 받은 사람들 외에는 아무도 마음으로부터 그 노래를 부를 수 없습니다. 그들은 어린 양의 노래를 부르면서 싸웁니다. 그들은 싸움으로써 이기고 승리합니다. 그들은 어떻게 싸우고 있습니까? 어린 양께서 먼저 가서 적들을 죽이고, 그들에게 모든 공을 돌리실 것입니다. 마치 하나님께서 블레셋 사람들에게 천둥으로 내려치시고, 그들을 쳐부수시고, 그들을 어지럽게 하신 후 이스라엘 사람들이 승리하도록 하신 것과 같습니다. 그러므로 하나님의 어린 양과 함께 하고 또 하나님의 어린 양 곁에 선 사람들은 고백하고, 따르고, 찬양하고, 싸우고, 정복하게 될 것입니다.

요한계시록 19장 9절을 보면, 마치 모든 사람들이 하루 일과를 마치고 저녁 식사로 마무리하는 것을 좋아하듯이, 우리는 "어린 양의 혼인 잔치에 청함을 받은 자들은 복이 있도다"라는 초청의 말을 볼 수 있습니다.

자, 이 만찬은 하루를 마감하는 마지막 식사입니다. 아침 식사 후에 우리는 일하러 나가고, 점심 식사 후에 우리는 다시 일을 하긴 하지만, 저녁 식사 후에는 더 이상 일을 하지 않습니다. 이제부터는 휴식입니다. 마찬가지로 어린 양의 결혼 만찬 후에는, 하나님의 영원한 안식이 우리 앞에 있습니다. 지친 순례의 기간은 끝났고, 힘겨운 싸움도 끝났으며, 승리를 거두었기 때문에, 마침내 안식이 왔습니다. 그 만찬 자리에 앉게 될 사람은 참으로 복을 받은 사람입니다. 성경이 이러한 만찬에 대해서 말하고 있다는 사실에 대해 우리가 얼마나 감사해야 할까요!

거기서 주님의 모든 백성이
그들을 안전하고 평안하게 인도해 오신
주님과 함께 영원히 거하리라.
고생의 길이 끝나고 광야의 삶도 이젠 과거지사,
마침내 가나안 땅이 그들의 것이 되었도다.

"성 안에서 내가 성전을 보지 못하였으니 이는 주 하나님 곧 전능하신 이와 및 어린 양이 그 성전이심이라 그 성은 해나 달의 비침이 쓸 데 없으니 이는 하나님의 영광이 비치고 어린 양이 그 등불이 되심이라 만국이 그 빛 가운데로 다니고 땅의 왕들이 자기 영광을 가지고 그리로 들어가리라 낮에 성문들을 도무지 닫지 아니하리니 거기에는 밤이 없음이라 사람들이 만국의 영광과 존귀를 가지고 그리로 들어가겠고 무엇이든지 속된 것이나 가증한 일 또는 거짓말하는 자는 결코 그리로 들어가지 못하되 오직 어린 양의 생명책에 기록된 자들만 들어가리라…다시 저주가 없으며 하나님과 그 어린 양의 보좌가 그 가운데에 있으리니 그의 종들이 그를 섬기며 그의 얼굴을 볼

터이요 그의 이름도 그들의 이마에 있으리라."(계 21:22-27, 22:3-4)

이 본문이 우리가 성경에서 어린 양에 대해서 볼 수 있는 마지막 부분입니다. 어린 양께서 보좌에 앉아 계시며, 그분의 종들이 그분을 섬기는 일을 하는데, 그들의 최고의 기쁨은 바로 그분의 얼굴을 직접 보는 것입니다. 우리는 인간이 하나님의 어린 양을 어떻게 했는지를 보았으며 또한 하나님 아버지께서 그분을 얼마만큼 높이셨는지를 보았고, 인간이 그분을 십자가에 매단 것을 보았으며 또한 하나님께서 마침내 그분을 보좌에 앉게 하신 것을 보았습니다. 먼저 고난이 왔고, 그 다음에 영광이 왔습니다. 그리고 그것이 하나님의 백성인 우리를 위한 법칙이 되었습니다. 먼저 십자가를 지고, 그 다음에 왕관을 쓰는 것입니다. 무엇보다 우리가 알아야 할 것은, 어린 양께서 그 위대한 통치자의 보좌로 가는 길은 하나밖에 없었고, 그 길은 십자가를 통과하는 길이었다는 점입니다. 그러므로 우리는 십자가에서 고통을 받는 하나님의 어린 양을 먼저 보고, 이후에 영광으로 왕관을 쓰신 모습을 보고 있습니다.

"이러므로 하나님이 그를 지극히 높여 모든 이름 위에 뛰어난 이름을 주사 하늘에 있는 자들과 땅에 있는 자들과 땅 아래에 있는 자들로 모든 무릎을 예수의 이름에 꿇게 하시고 모든 입으로 예수 그리스도를 주라 시인하여 하나님 아버지께 영광을 돌리게 하셨느니라."(빌 2:9-11)

하나님의 어린 양이여, 우리의 영혼이 당신을 사모하며,
우리가 주님의 얼굴을 바라봅니다.
거기엔 아버지의 사랑과 영광이 가득하며,
천상 세계를 가득 채우고 있나이다!

오, 얼마나 놀라운 사랑과 자비인지요!
주님은 당신 자신의 영광을 내려놓으셨고,
우리를 위해 하늘로서 오셨으며,
하나님의 어린 양으로 죽으셨나이다!

주님이시여, 우리는 마음으로 경외하는 법을 배우며,
당신이 흘리신 피 속에 담긴 경이로운 사랑에 감복합니다!
영광 곧 영원한 영광이
하나님의 어린 양이신, 당신께 영원히 있사옵니다!

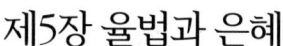

제5장 율법과 은혜

"율법은 모세로 말미암아 주어진 것이요 은혜와 진리는 예수 그리스도로 말미암아 온 것이라."(요 1:17)

이 주제를 생각하면서, 나는 모세의 삶과 우리의 찬송 받으실 구주의 삶 사이에서 발견되는 차이점을 살펴보고자 합니다.

나는 모세가 많은 점에서 그리스도와 대조되고 있음을 잘 알고 있습니다. 사실 성경에는 그리스도와 대조되는 측면 뿐만 아니라 모형적인 측면도 많이 있습니다.

예를 들자면, 우리는 아벨이 목자였음을 볼 수 있습니다. 그리스도는 우리의 목자이기 때문에, 아벨은 그리스도의 모형입니다. 한편 뚜렷한 대조적인 측면도 있습니다. 한 측면은 아벨이 가축 가운데서 첫 새끼를 여호와께 바쳤을 때에는 양이 목자를 위해서 죽었습니다. 하지만 다른 측면은 선한 목자가 양을 위해 죽었다는 것입니다. 그러므로 아벨은 그리스도의 모형이며, 또 다른 측면에서는 주 예수 그리스도와 대조를 이루고 있습니다.

그러므로 이 복된 책, 성경을 전체적으로 살펴보면, 우리는 모세와 그리스도가 서로 대조적으로 받아들여질 수 있음을 볼 수 있습니다. 적대적인 것이 아니라 대조적인 것입니다. 마치 율법과 은혜가 서로 대조적이지만 결코 적대적이지는 않은 것과 같습니다. 왜냐하면 은혜를 나타내신 분이 율법을 주셨으며, 자신의 아들 예수 그리스도를 구주로 주신 분이 이스라엘 백성에게 모세를 주셨기 때문입니다.

그러므로 이 사실을 마음에 새기고, 성경으로 돌아가서 성경이 무엇을 말하는지 살펴보길 원합니다. 성경은 항상 스스로를 변호하고 항상 스스로를 증명하는 놀라운 책이기 때문입니다. 내가 말씀드리는 것에 여러분이 동의하지 않을 수는 있지만, 그럼에도 만일 여러분이 성경을 하나님의 말씀으로 믿는 사람이라면, 성경이 말하는 것은 반드시 믿어야 합니다.

율법에 의한 죽음 vs. 그리스도에 의한 생명

이제 출애굽기 2장 11-12절을 보면, 우리는 모세의 첫 번째 공적인 행위가 죽음과 연결되어 있는 것을 볼 수 있습니다.

"모세가 장성한 후에 한번은 자기 형제들에게 나가서 그들이

고되게 노동하는 것을 보더니 어떤 애굽 사람이 한 히브리 사람 곧 자기 형제를 치는 것을 본지라 좌우를 살펴 사람이 없음을 보고 그 애굽 사람을 쳐죽여 모래 속에 감추니라."

이러한 것이 이 책에 기록된 모세의 첫 번째 공적인 행동이었습니다. 모세는 자기 형제들에게 가서, 한 이집트인이 자신의 형제들 중 한 명을 때리는 것을 보자, 그 이집트인을 죽였습니다.

이제 그리스도의 삶을 보십시오. 우리는 그리스도의 공적인 삶과 연결해서 처음으로 한 행동들 가운데 하나는 생명을 주는 것이었음을 볼 수 있습니다. 모세의 첫 번째 공적인 행위는 죽음과 연결되어 있었고, 반면 주 예수 그리스도의 첫 번째 공적인 행위들 가운데 하나는 생명을 주는 것이었습니다. (나는 이 사실을 굳이 그리스도의 첫 번째 공적인 행위였다고 말할 생각이 없습니다. 그러므로 공적인 행위들 가운데 하나라고 표현하고 싶습니다.)

종들 vs. 아들들

"여호와의 사자가 떨기나무 가운데로부터 나오는 불꽃 안에서 그에게 나타나시니라 그가 보니 떨기나무에 불이 붙었으나 그 떨기나무가 사라지지 아니하는지라 이에 모세가 이르되 내가 돌이켜 가서 이 큰 광경을 보리라 떨기나무가 어찌하여 타지 아니하는고 하니 그 때에 여호와께서 그가 보려고 돌이켜

오는 것을 보신지라 하나님이 떨기나무 가운데서 그를 불러 이르시되 모세야 모세야 하시매 그가 이르되 내가 여기 있나이다 하나님이 이르시되 이리로 가까이 오지 말라 네가 선 곳은 거룩한 땅이니 **네 발에서 신을 벗으라**."(출 3:2-5)

여기서 우리는 모세가 발에서 신발을 벗지 않고는 하나님께 가까이 갈 수 없었다는 것을 볼 수 있습니다. 그 이유는 무엇일까요? 왜냐하면 어떤 종도 감히 신발을 신은 채 주인 앞에 설 수 없기 때문입니다. 그러므로 모세는 종으로서, 하나님께 가까이 나아가기 전에 신발을 벗으라는 명령을 받았습니다. 이제 누가복음 15장을 보시기 바랍니다. 여기서 우리는 아버지가 돌아오는 가련한 탕자를 만나기 위해 달려가는 모습을 볼 수 있습니다. 그의 첫 번째 말이 무엇이었는지 아십니까?

"제일 좋은 옷을 내어다가 입히고 손에 가락지를 끼우고 발에 신을 신기라."(22절)

율법은 말합니다. "신을 벗으라." 은혜는 말합니다. "신을 신기라." 율법으로 우리는 하나님께 가까이 나아갈 수 없습니다. 하지만 은혜로 우리는 하나님께 가까이 갈 수 있습니다. 오히려 이미 가까운 관계 속으로 들어왔습니다. 은혜의 하나님은 아들됨의 표시로서 그들의 발에 신발이 없는 사람을 한 사람도 없게 하실 것입니다.

뱀이 된 모세의 지팡이

"모세가 대답하여 이르되 그러나 그들이 나를 믿지 아니하며 내 말을 듣지 아니하고 이르기를 여호와께서 네게 나타나지 아니하셨다 하리이다 여호와께서 그에게 이르시되 네 손에 있는 것이 무엇이냐 그가 이르되 지팡이니이다 여호와께서 이르시되 그것을 땅에 던지라 하시매 곧 땅에 던지니 **그것이 뱀이 된지라** 모세가 뱀 앞에서 피하매." (출 4:1-3)

이 본문은 성경이 뱀에 대해서 두 번째로 언급하는 곳입니다. 첫 번째는 에덴 동산에서였고, 이제 우리는 여호와 앞에서 지팡이가 뱀이 되는 내용을 보고 있습니다. 이것은 율법의 권능을 모형적으로 보여줍니다. 하나님께서는 뱀의 권능을 드러내고자 율법을 주셨습니다. 율법은 뱀을 죽일 수 없고, 오직 은혜만이 죽일 수 있습니다. 율법은 뱀의 존재만을 드러낼 뿐입니다. 모세가 준 율법은 이러한 일을 위한 것이었습니다.

나병 vs. 깨끗해짐

이제 6절을 보겠습니다.

"여호와께서 또 그에게 이르시되 네 손을 품에 넣으라 하시매 그가 손을 품에 넣었다가 내어보니 그의 손에 나병이 생겨 눈 같이 된지라."

이 구절은 우리가 성경에서 처음으로 나병에 대해서 볼 수 있는 구절입니다. 모세는 기적적인 표식(sign)을 원했고, 하나님께서는 하나의 표식으로서 그의 손에 죄가 있음을 보여주셨습니다.

따라서 율법은 오직 죄의 나병을 드러내는 일만 할 수 있습니다. 깨끗하게 하는 것은 오직 그리스도의 피 외엔 없습니다. "율법은 모세로 말미암아 주어진 것이요 은혜와 진리는 예수 그리스도로 말미암아 온 것이라."(요 1:17) 성경에 나오는 최초의 문둥병자는 모세였으며, 그를 통해서 율법이 주어졌던 것입니다.

율법에 의한 슬픔 vs. 은혜에 의한 기쁨

이제 출애굽기 7장 19절을 보겠습니다. 여기서 우리는 모세가 여호와의 명령으로 아론에게 말하기를 "네 지팡이를 잡고 네 팔을 애굽의 물들과 강들과 운하와 못과 모든 호수 위에 내밀라"고 했는데, 이에 나일 강물이 피가 되었습니다. 이 부분과 연결해서 요한복음 2장을 보겠습니다. 요한복음 2장은 크리스천들에게 매우 익숙한 본문일 것입니다. 이 장에 있는 모든 것이 크리스천의 마음에 생동감을 주고 있습니다.

우리는 갈릴리 가나에서 결혼 잔치가 열렸고, 포도주가 떨어졌음을 볼 수 있습니다. 이에 예수의 어머니가 종들에게 말하였습니다.

"너희에게 무슨 말씀을 하시든지 그대로 하라."(5절)

우리는 가끔 "당신은 무슨 설교를 하는가?"라는 질문을 받곤 합니다. 아, 만일 우리가 마리아처럼 설교를 했다면, 얼마나 좋은 결과가 따라 올까요! 마리아의 설교는 매우 짧은 설교이지만, 어느 누구도 그보다 더 좋고 안전한 설교를 한 사람은 없었습니다. 그 설교는 "너희에게 무슨 말씀을 하시든지 그대로 하라"였습니다. 만일 어려운 일이 있으면 그 문제를 염두에 두고서 성경책을 읽으십시오. 그리고 주님이 당신에게 말씀하셨다면, "그대로 하십시오." 우리 모두 이런 설교를 듣고 실천한다면 오늘날 하나님의 교회에는 단 하나의 분열도 일어나지 않을 것입니다. 종종 우리는 실수를 하곤 하는데, 그 이유는 단순히 하나님의 말씀을 준행하는 대신에 항상 말씀에 대해서 토론하고 논쟁하려 들기 때문입니다.

하인들이 어떻게 구주의 명령에 대해서 의문을 품지도 않고 그대로 따랐는지, 그리고 그 결과 어떻게 "좋은 포도주"를 얻게 되었는지를 주목하시기 바랍니다.

"예수께서 이 첫 표적을 갈릴리 가나에서 행하여 그의 영광을 나타내시매 제자들이 그를 믿으니라."(11절)

어떤 사람들은 주 예수 그리스도께서 어째서 물을 포도주로 바꾸었는지 매우 의아해하고 있습니다. 그러나 나는 주님이 하신 일이 옳았다고 믿습니다. 주님은 실수를 하실 수 없습니다.

그리스도께서 행하신 모든 기적들은 이 첫 번째 기적 안에 다 포함되어 있다는 사실에 주목할 필요가 있습니다. 물은 언제나 죽음과 슬픔을 상징하고 있고, 반면 포도주는 기쁨을 상징하고 있습니다. 그래서 주 예수 그리스도께서는 슬픔을 기쁨으로 바꾸셨던 것입니다. 주님은 이 기적에 나타나 있듯이 가난과 슬픔 대신에 풍요와 기쁨을 주시는 분이십니다. 주님은 우리의 마음을 건강하고 또 온전하게 만드는 일을 하십니다. 주님은 사람들의 슬픈 마음을 위로해주셨고, 기쁨으로 가득 채워주셨습니다. 주님과 함께 하게 되면 영원한 기쁨을 누릴 수 있습니다. 주님은 죽음 대신 생명을 주시고, 눈물 대신 기쁨을 주시며, 슬픔 대신 행복을 주십니다. 모세가 한 첫 번째 기적은 물을 죽음과 슬픔의 상징인 피로 바꾸는 것이었지만, 예수 그리스도께서 행하신 첫 번째 기적은 물을 기쁨의 상징인 포도주로 바꾸는 것이었습니다.

어둠 vs. 빛

"모세가 하늘을 향하여 손을 내밀매 캄캄한 흑암이 삼 일 동안 애굽 온 땅에 있어서." (출 10:22)

여기서 또 다시 율법이 어둠을 불러오는 것을 볼 수 있습니다. 이제 요한복음 9장을 보겠습니다. 예수님께서 길을 가시다가 날 때부터 맹인이 된 사람을 보셨을 때, 제자들이 그 일에 대해서 질문을 했고, 예수님께서는 그렇게 된 이유를 하나님이 하시는 일을 나타내려는 것이라고 설명하셨습니다. 이에 주님은 "내가 세상에 있는 동안에는 세상의 빛이로라"(요 9:5)고 말씀하셨습니다. 이 말씀을 하신 후에 땅에 침을 뱉어 진흙을 이겨 그의 눈에 바르심으로써 그 남자를 낫게 했습니다. 앞 장의 마지막 구절도 보겠습니다.

"그들이 돌을 들어 치려 하거늘 예수께서 숨어 성전에서 나가시니라."(요 8:59)

성경을 여러 장으로 나눈 사람들은 잘못된 자리에서 성경을 나누는 실수를 종종 저질렀습니다. 다른 많은 곳과 마찬가지로 여기에서도 성경을 잘못 나눔으로써 핵심을 잃어버렸습니다. 사람들은 예수님을 돌로 치려고 했지만, 그분은 그들을 피하셨고, 그리고 나서 이 가련한 거지에게로 곧장 오셨습니다. 주님은 유대인들에게선 피하여 숨으셨지만, 필요한 경우에는 자신을 나타내셨습니다. 주님은 눈이 보이는 사람들에게선 몸을 숨기셨지만, 눈이 보이지 않는 사람들에겐 자신을 나타내셨습니다. 주님은 교만한 바리새인들에게선 몸을 숨기셨지만, 맹인 거지에겐 자신을 나타내셨습니다. 오늘날에도 마찬가지입니다. 우리가 생각할 때 우리는 모든 것이 옳고 또 본다고 하면 주님은 우리에게서 숨으실 것입니다. 하지만 우리가 맹인이라는 것을 알고 있다면, 주님은 자신을 나타내 보이실 것입니다.

우리는 모세가 어둠을 가져왔다는 내용을 살펴보았습니다. 하지만 주 예수님께서는 빛을 가지고 오셨습니다. 게다가 주님 자신이 빛이었고, 어둠은 그분 앞에 설 수 없었습니다.

"밤중에 여호와께서 애굽 땅에서 모든 처음 난 것 곧 왕위에 앉은 바로의 장자로부터 옥에 갇힌 사람의 장자까지와 가축의 처음 난 것을 다 치시매 그 밤에 바로와 그 모든 신하와 모든 애굽 사람이 일어나고 애굽에 큰 부르짖음이 있었으니 이는 그 나라에 죽임을 당하지 아니한 집이 하나도 없었음이었더라." (출 12:29,30)

이집트 땅에서 마지막 장면은 죽음이었습니다. 그리고 모세의 첫 번째 공적인 행위는 죽음과 연결되어 있었습니다. 이제 주 예수 그리스도를 보십시오. 그분의 마지막 공적인 행위는 십자가에 달려 죽으심으로써 죄인의 자리를 대신하는 것이었습니다. 그리스도께서 죽으심으로써 우리는 생명을 얻게 되었습니다.

그러므로 모세와 연관하여 우리는 피와 어둠과 죽음을 볼 수 있습니다. 예수 그리스도와 연관하여 우리는 포도주와 빛과 생명을 볼 수 있습니다. 우리는 율법과 연관해서 어둠과 슬픔과 죽음 외엔 아무 것도 볼 수 없습니다. 오직 죄의 결과만을 드러낼 뿐입니다. 그러나 우리가 율법에서 은혜로 넘어가는 순간, 주 예수 그리스도를 통해서 빛과 기쁨과 생명의 영역으로 넘어가게 될 것입니다. 그러므로 이 모든 성경을 통해서 우리는 주 예수 그리스도와 모세 사이의 엄청난 대조와 차이점을 볼 수 있습니다.

출애굽기 19장 16절을 보면, 산에서 율법이 주어질 때 천둥과 번개와 매우 큰 나팔 소리와 산에서 연기가 났던 것을 볼 수 있습니다.

"셋째 날 아침에 우레와 번개와 빽빽한 구름이 산 위에 있고 나팔 소리가 매우 크게 들리니 진중에 있는 모든 백성이 다 떨더라."(출 19:16)

하지만 예수님께서 제자들과 함께 올라가셨던 변화산의 모습을 보십시오.

"베드로가 예수께 여쭈어 이르되 주여 우리가 여기 있는 것이 좋사오니 만일 주께서 원하시면 내가 여기서 초막 셋을 짓되 하나는 주님을 위하여, 하나는 모세를 위하여, 하나는 엘리야를 위하여 하리이다 말할 때에 홀연히 빛난 구름이 그들을 덮으며 구름 속에서 소리가 나서 이르시되 이는 내 사랑하는 아들이요 내 기뻐하는 자니 너희는 그의 말을 들으라 하시는지라."(마 17:4-5)

이 얼마나 엄청난 차이가 있습니까! 하나님께서 율법을 직접 주셨을 때에는 천둥과 번개와 빽빽한 구름으로 가득한 어둠이 함께 했습니다. 그러나 그리스도께서 나타나셨을 때에는 빛나는 구름이 함께 했고, 그분의 얼굴은 해처럼 빛을 발했습니다. 율법이 올 때에는 어둠과 함께 했습니다. 그러나 은혜는 빛과 함께 하고 있었습니다.

그리스도에게로 가는 데에는 층계가 없다

출애굽기 20장 24-26절을 보면, 우리는 제단을 쌓으라는 명령과 그에 대한 설명을 볼 수 있습니다.

"내게 토단을 쌓고 그 위에 네 양과 소로 네 번제와 화목제를 드리라 내가 내 이름을 기념하게 하는 모든 곳에서 네게 임하여 복을 주리라 네가 내게 돌로 제단을 쌓거든 다듬은 돌로 쌓지 말라 네가 정으로 그것을 쪼면 부정하게 함이니라 **너는 층계로 내 제단에 오르지 말라** 네 하체가 그 위에서 드러날까 함이니라."

이 구절들이 참으로 충격적인 이유는 율법이 주어지고 또한 십계명이 주어지자마자 바로 토단을 쌓고 그 위에 제물을 바치라는 명령이 하달되었다는 점입니다.

하나님께서는 "이것을 행하고 생명을 얻으라"고 말씀하셨습니다. 그러나 하나님은 사람이 율법을 지키고서 생명을 얻을 수 없다는 사실을 아셨기 때문에, 이제 하나님께서는 그들이 어떻게 해야 생명을 얻고 또 하나님께 가까이 나아갈 수 있는지를 말씀하셨습니다. 율법을 주신 후에, 하나님은 속죄제물을 바칠 제단을 지으라고 말씀하셨습니다. 여기서 주목해야 할 것은 제단은 흙으로 지어야 한다는 것입니다. 만일 돌로 제단을 쌓는다면, 다듬은 돌로 지어서는 아니 되었습니다. 돌은 자연 그대로의 돌이어야 했습니다. 그리고 "너는 층계로 내 제단에 오르지 말라"고 말씀하셨습니다. 마치 하나님께서는 우리가 스스로 분발하면 아무 때나 하나님을 만날 수 있다고 생각하지 못하게 하시려는 것처럼 보입니다. 우리는 흔히 하나님을 만나기 위해 한 계단 한 계단 올라가야 한다고 생각합니다. 그렇지 않습니다. 하나님은 우리에게 한 걸음씩 나아오라고 요구하지 않으셨습니다. 오히려 은혜가 하늘에서 모든 사람에게로 내려왔습니다. 잃어버린 영혼이자 범죄한 죄인의 발 앞에까지 내려와서, 그가 구원받기를, 영생을 얻기를 기도해줍니다. 우리가 구원을 받는데 있어서 어떤 표적도 필요치 않습니다. 심지어 예배나 봉사도, 기적적인 불도 필요하지 않습니다. 그리스도를 나의 구주와 주님으로 영접하는 것 외에는 아무 것도 필요치 않습니다.

우리는 무슨 행위나 공로에 의해서 하늘나라에 갈 수 없습니다. 우리가 무슨 수를 쓴다고 해도 결코 우리 자신의 힘으로는 하늘나라에 갈 수 없습니다. 하지만 우리가 길을 잃고 범죄한 죄인의 자리로 내려오는 순간, 하나님은 우리에게 바로 오셔서 우리를 구원하시고, 우리를 자신에게로 가까이 이끌어주실 것입니다. 하나님이 모든 일을 하십니다.

"삼천 명 가량"

이제 출애굽기 32장 26절을 보겠습니다. 이스라엘 백성이 여호와 하나님께 죄를 지은 후에 모세가 말하길, "누구든지 여호와의 편에 있는 자는 내게로 나아오라"고 하자 레위 자손들이 모세에게로 모여 들었습니다.

그리고 여호와의 명령을 받은 그들은 진으로 들어가 백성들을 죽였습니다. "이 날에 백성 중에 삼천 명 가량이 죽임을 당하니라."(28절) "삼천 명 가량(about three thousand)"이라는 표현에 주목하시기 바랍니다.

이제 사도행전 2장 41절로 가보겠습니다. 베드로가 복음을 선포한 뒤에, "그 말을 받은 사람들은 침례를 받으매 이 날에 신도의 수가 삼천이나 더하더라"고 성경은 말합니다. 여기서 우리는 동일한 표현인 "삼천(about three thousand)"이란 숫자를 볼 수 있습니다.

율법이 처음 소개되었을 때 "삼천 명 가량"이 죽었고, 은혜가 처음 선포되었을 때 "삼천 명"이 구원을 받았습니다.

따라서 전체적인 모세의 삶과 예수 그리스도의 삶을 통해서, 우리는 놀라운 차이점을 볼 수 있습니다. 이제 좀 더 깊이 살펴보겠습니다.

약속의 땅에 들어가기

"여호수아가 또 백성에게 이르되 너희는 자신을 성결하게 하라 여호와께서 내일 너희 가운데에 기이한 일들을 행하시리라 여호수아가 또 제사장들에게 말하여 이르되 언약궤를 메고 백성에 앞서 건너라 하매 곧 언약궤를 메고 백성에 앞서 나아가니라 여호와께서 여호수아에게 이르시되 내가 오늘부터 시작하여 너를 온 이스라엘의 목전에서 크게 하여 내가 모세와 함께 있었던 것 같이 너와 함께 있는 것을 그들이 알게 하리라." (수 3:5-7)

여호수아가 우선적으로 "여호와께서 내일 너희 가운데에 기이한 일들을 행하시리라"고 말한 것에 주목하시기 바랍니다. 여호와께서는 그에게 "너를 온 이스라엘의 목전에서 크게 하리라"고 말씀하셨습니다. 여호수아는 기이한 일을 행하게 될 것입니다. 사람이 하나님을 크게 높이면, 하나님은 그를 사람들 앞에서 크게 높이실 것입니다.

여기서 주목할 것은, 율법을 대표하는 모세는 백성을 약속의 땅으로 데려가지 못했다는 점입니다. 비록 모세가 그들을 약속의 땅 가까이 데리고 왔지만, 그들을 약속의 땅으로 데리고 들어간 사람은 그리스도의 모형이었던 여호수아였습니다. 그렇다면, 율법이 하는 일은 무엇이었을까요? 율법은 우리에게 약속의 땅을 보여줄 뿐입니다. 우리를 그 안으로 데리고 들어가는 것은 은혜입니다.

조금 더 읽어보겠습니다. 14-17절을 보면, 우리는 이스라엘 사람들이 요단강을 마른 상태에서 건너간 것을 볼 수 있습니다.

"백성이 요단을 건너려고 자기들의 장막을 떠날 때에 제사장들은 언약궤를 메고 백성 앞에서 나아가니라 요단이 곡식 거두는 시기에는 항상 언덕에 넘치더라 궤를 멘 자들이 요단에 이르며 궤를 멘 제사장들의 발이 물 가에 잠기자 곧 위에서부터 흘러내리던 물이 그쳐서 사르단에 가까운 매우 멀리 있는 아담 성읍 변두리에 일어나 한 곳에 쌓이고 아라바의 바다 염해로 향하여 흘러가는 물은 온전히 끊어지매 백성이 여리고 앞으로 바로 건널새 여호와의 언약궤를 멘 제사장들은 요단 가운데 마른 땅에 굳게 섰고 그 모든 백성이 요단을 건너기를 마칠 때까지 모든 이스라엘은 **그 마른 땅으로 건너갔더라.**"
(수 3:14-17)

나는 소년 시절, 참으로 아름다운 책인 천로역정(the Pilgrim's Progress)을 읽으면서 죽음의 강물을 건너서 가나안으로 들어가는 상상을 하곤 했습니다. 그리고 목사님이 설교를 할 때, 차갑고 얼어붙은 요단강과 그 크리스쳔이 가까이 와서 건너편 황금 도시를 바라보고 있는 모습과 마침내 그 차가운 강물 속으로 들어가는 것에 대해 이야기하는 것을 들었습니다. 설교를 듣는 중에 너무 긴장한 나머지 때로는 숨이 막히기도 했고, 간담이 서

늘하게 되기도 했습니다. 잠시 후 크리스천은 소리를 지르기 시작했는데, 물이 너무 차가웠기 때문이었고, 그가 더 깊이 들어갔을 때, 그는 거의 발을 강바닥에 디디지도 못했습니다. 그리고 마침내 그가 강 한가운데에 도착했을 때, 파도가 그를 덮쳤고, 그는 "큰 물결이 나를 삼키는 구나"라고 소리를 지르며 강물 속으로 사라졌습니다. 그런데 여러분, 이걸 알고 계십니까? 이런 내용은 성경에 없습니다. 이스라엘 자손들이 요단강을 건너갈 때에, 언약궤를 메고 있는 제사장들이 백성 앞서 나아갔다는 사실을 기억하시기 바랍니다. 언약궤를 멘 제사장들의 발이 물가에 잠기자 강물은 뒤로 물러가 쌓였으며, 백성은 마른 강바닥 위를 지나갔고, 언약궤를 메고 있는 제사장들은 모든 백성이 요단을 건너기를 마칠 때까지 요단 가운데에 서 있었으며, 백성들은 마른 땅을 밟고서 건너갔습니다. 그래서 나 또한 강이 마른 상태에서 건너갈 것으로 기대하고 있습니다. 요단강물은 우리를 건드리지 못할 것입니다. 물결과 파도는 이미 주인님의 머리 위에 쏟아 부어졌기 때문에, 우리의 머리 위에 쏟아지는 일은 없을 것입니다.

시편 23편에는 이에 대한 아름다운 그림이 있습니다. "내가 사망의 음침한 골짜기로 다닐지라도 해를 두려워하지 않을 것은 주께서 나와 함께 하심이라."(4절) 이 구절이 우리에게 이루어질 것입니다. 죽음은 이제 그림자에 불과합니다.

이스라엘 자손들이 홍해를 건넜던 것은 밤이었음을 기억하시기 바랍니다. 하지만 그들이 요단강을 건넌 것은 낮 시간이었을 것입니다. 강물이 멈추고 한 곳에 쌓여 있는데 햇빛이 그 위를 비추고 있는 모습을 상상해 보시기 바랍니다. 여러분은 아마도 다윗이 이 구절을 쓰고 있었을 때 마음속에 품고 있었던 이 그림을 떠올렸을 것입니다. 물의 그림자가 그들이 걸어가는 길 위를 덮고 있지만, 그것은 단지 그림자일 뿐입니다!

여기엔 두 가지 이상의 생각이 담겨 있습니다. 이스라엘 사람들은 어떻게 강을 통과했습니까? 그들은 요단강을 바로 가로질러 건너갔습니다. 골짜기를 따라 걷는 것 같이 구불구불한 길을 걸어서 건너간 것이 아니라 곧장 가로질러 건너갔습니다. 마치 기차가 어두운 터널에 들어간 것과 같습니다. 기차가 터널 속으로 들어갔다면 중간에 멈추지 않을 것이고, 다른 쪽에서 빛을 보게 될 것입니다.

시편 23편 4절을 다시 보겠습니다. "내가 사망의 음침한 골짜기로 다닐지라도." 죽은 사람은 들 것으로 옮겨야 하지만, 살아있는 사람이 걸어가야 합니다. 그러므로 우리는 죽음을 두려워하지 않습니다. 우리가 걸어갈 때 그리스도께서 우리 곁에 계실 것이고, 그리스도는 우리를 인도하여 저 밝은 땅으로 들어가게 하실 것입니다.

율법이 할 수 없는 일

이제는 율법이 죄인을 위하여 할 수 없으나, 은혜가 할 수 있는 일이 무엇인지 생각해 보겠습니다.

사도행전 13장 38-39절을 보겠습니다.

"그러므로 형제들아 너희가 알 것은 이 사람을 힘입어 죄 사함을 너희에게 전하는 이것이며 또 모세의 율법으로 너희가 의롭다 하심을 얻지 못하던 모든 일에도 **이 사람을 힘입어 믿는 자마다 의롭다 하심을 얻는 이것이라.**"

그러므로 율법은 우리를 의롭게 할 수 없으며, 우리가 의롭다 하심을 얻으려면 그것은 반드시 은혜로 되어야만 합니다. 게다가 만일 의롭게 되지 않으면 결코 구원을 받을 수 없습니다.

이제 로마서 8장을 보겠습니다. (나는 로마서 8장을 로마서의 복음이라고 부르고 싶은데, 왜냐하면 "결코 정죄함이 없다"는 것은 그야말로 복음 중의 복음이기 때문입니다.)

"그러므로 이제 그리스도 예수 안에 있는 자에게는 결코 정죄함이 없나니 이는 그리스도 예수 안에 있는 생명의 성령의 법이 죄와 사망의 법에서 너를 해방하였음이라 율법이 육신으로 말미암아 연약하여 할 수 없는 그것을 하나님은 하시나니 곧 죄로 말미암아 자기 아들을 죄 있는 육신의 모양으로 보내어 육신에 죄를 정하사 육신을 따르지 않고 그 영을 따라 행하는 우리에게 율법의 요구가 이루어지게 하려 하심이니라."(롬 8:1-4)

여기엔 율법이 할 수 없었던 것이 하나 더 있습니다. 그것이 무엇일까요? 율법은 죄와 사망의 법에서 나를 자유롭게 해줄 수 없었습니다. 바로 자유입니다. 로마서 8장에는 노예가 없습니다. 땅에서건 하늘에서건 우리는 그리스도 안에 있으며, 그리스도의 법은 자유를 가져다줍니다. 주님은 친히 "진리를 알지니 진리가 너희를 자유롭게 하리라"(요 8:32)고 말씀하셨습니다. 하나님의 아들이신, 그 복된 구주를 믿는 모든 사람은 자유인입니다. 그리스도 안에 있는 신자는 이제 자유를 얻었습니다. 그는 장차 천상 세계에서도 자유를 누리게 될 것입니다.

깨어진 율법

많은 사람들이 자신을 범죄한 죄인으로 인정하고, 죄인으로서 그들의 자리에 앉아야 하는데 어려움을 느끼고 있다는 사실을 나는 잘 알고 있습니다. 어떤 숙녀가 나에게 이런 말을 했습니다. "나는 십계명 중 하나를 어긴 사람이 다섯 가지를 어긴 사람이나 또는 열 가지를 모두 어긴 사람만큼 나쁜 사람이 될 수 있다고는 생각하지 않습니다." 그래서 나는 이렇게 말했습니다. "기억하세요. 하나님은 다섯 가지나 열 가지 계명을 주신 적이 없습니다. 하나님은 열 가지 계명으로 이루어진 단 하나의 율법을 주셨습니다. 저 시계를 보세요. 만약 당신이 부품을 세어본다면, 아마도 10개 혹은 그 이상을 발견할 것이지만, 그것은 다만 하나의 시계일 뿐입니다. 게다가, 만일 당신이 모든 부품을 망가뜨린다면, 당연히 시계가 고장 날 것이며, 더 이상 시계는 가지 않을 것입니다. 그렇지만 당신이 단 하나의 부품만 망가뜨려도 시계는 고장날 것이며, 더 이상 가지 않을 것입니다. 마찬가지로 우리가 하나님의 말씀에서 단 하나의 명령만을 어겼을지라도, 우리는 전체 율법을 어긴 것입니다." 그렇지만 그 숙녀는 여전히 진리를 보지 못했습니다. 그래서 나는 이렇게 말했습니다. "당신이 지금 벼랑 끝에 달려 있는 하나의 쇠사슬에 매달려 있다고 가정해보겠습니다. 그 쇠사슬은 열 개의 고리로 구성되어 있었습니다. 만일 한 남자가 망치를 들고 모든 고리를 부수고 있다면, 당신은 어떻게 되겠습니까?" "물론 바닥으로 떨어지겠지요."

"하지만 하나의 연결고리만 끊어졌다고 생각해보겠습니다. 당신은 어떻게 될까요?"

"그것도 좋은 상황은 아니군요. 결국에는 바닥으로 떨어질 것 같습니다."

"그렇습니다. 당신이 하나의 계명을 어기면, 그것은 전체 율법을 어기는 것이나 마찬가지입니다. 성경은 '누구든지 온 율법을 지키다가 그 하나를 범하면 모두 범한 자가 되나니' (약 2:10)라고 말하고 있습니다. 당신이 아무리 착하다 해도, 하나의 율법을 어겼다면 당신은 바닥으로 떨어지게 될 것입니다."

세상에서 가장 훌륭한 사람들을 구하는 것도 세상에서 가장 사악한 사람들을 구하는 것만큼이나 큰 은혜가 필요합니다. 오직 은혜 외에는 우리를 구원할 수 있는 방법이 없습니다. 율법은 자유를 줄 수 없지만, 은혜는 자유를 줄 수 있습니다.

율법은 의롭게 할 수 없다

"내가 하나님의 은혜를 폐하지 아니하노니 만일 의롭게 되는 것이 율법으로 말미암으면 그리스도께서 헛되이 죽으셨느니라."(갈 2:21)

이것은 매우 엄중한 말씀입니다. 왜냐하면 만일 율법에 의해서 사람에게 의가 주어지는 것이 가능하다면, 모든 사람은 율법에 의해서 의롭게 되는 것이 가능해질 것이고, 그렇다면 그리스도는 헛되이 죽으신 것이 되기 때문입니다.

"그러면 율법이 하나님의 약속들과 반대되는 것이냐 결코 그럴 수 없느니라 만일 능히 살게 하는 율법을 주셨더라면 의가 반드시 율법으로 말미암았으리라."(갈 3:21)

만일 전능하신 하나님이 능히 살게 하는 율법, 곧 생명을 줄 수 있는 율법을 주시는 일이 가능했다면, 율법은 결코 사망의 법으로 작용하지 않았을 것입니다. 그러므로 우리는 또 다른 율법이 할 수 없는 일을 발견하게 되는데, 그것은 바로 율법은 생명을 줄 수 없다는 것입니다.

율법은 온전하게 할 수 없다

"(율법은 아무 것도 온전하게 못할지라) 이에 더 좋은 소망이 생기니 이것으로 우리가 하나님께 가까이 가느니라."(히 7:19)

율법은 우리를 하나님께 가까이 나아가게 할 수 없습니다. 그러므로 우리는 율법이 할 수 없는 네 가지를 살펴보았습니다. 즉 율법은 나를 심판에서 벗어나게 할 수 없으며, 율법은 나에게 자유를 줄 수 없고, 율법은 나를 의로운 사람으로 만들 수 없으며, 율법은 나를 온전하게 만들 수도 없습니다.

많은 사람들이 완전을 믿지 않습니다. 하지만 만일 당신이 완전하지 않으면 하늘에 올라갈 수 없습니다. 우리는 여기 이 땅에서도 완전을 소유하고 있습니다. 나에게 칭의를 주고, 자유를 주고, 또 의를 주신 분께서 나에게 완전도 주십니다(the One who gives me justification, freedom and righteousness, also gives me perfection). 주님은 나를 그분 자신의 거룩에 참여하는 자로 삼으심으로써 나를 완전하게 만들어 주십니다. 그러므로 우리는 주님 자신과 같이 완전합니다. 왜냐하면 주님은 우리를 위해 또한 우리에게 모든 것이 되시기 때문입니다. 그러므로 우리는 주님과 연합한 자가 되면 주님의 모든 것에 참여할 수 있습니다.

율법의 결말

만일 율법이 우리를 구원할 수 없다면, 하나님은 무엇 때문에 율법을 주셨을까요? 우리가 로마서 3장 19절을 읽어보면, 그에 대한 해답은 명백해질 것입니다.

"우리가 알거니와 무릇 율법이 말하는 바는 율법 아래에 있는 자들에게 말하는 것이니 **이는 모든 입을 막고** 온 세상으로 하나님의 심판 아래에 있게 하려 함이라."

당신은 살인을 저지른 적이 없다고 말합니다. 당신은 자비롭고, 종교심이 깊고, 선하다고 말합니다. 당신은 심지어 기도를 많이 했다고 말합니다. 하지만 기억하십시오. 하나님은 당신이 이런 저런 일을 많이 했다고 자랑하도록 율법을 주신 것이 아닙니다. 오히려 하나님이 율법을 주신 것은 당신의 입을 막으려는 것입니다. 당신의 입을 열지 못하게 하려는 것입니다. 하나님은 우리를 선하게 만드신 후에 우리를 구원하려는 목적에서 율법과 십계명을 주신 것이 아니라, 우리는 너무나 나쁜 사람들이고 십계명 중 하나도 지킨 것이 없기 때문에 우리가 해야 할 일은 그저 하나님이 예비하신 구원을 겸손하게 받아들이는 길밖에 없다는 것을 입증하고자 율법을 주신 것입니다. 만일 사람들이 그들 자신의 선함을 잊을 수만 있다면, 그들의 악함을 없애는 것은 그리 어렵지 않을 것입니다. "하나님은 다 하실 수 있습니다."

그러나 나는 먼저 죄인으로서 나의 자리를 받아들여야 하며, 그 다음엔 그리스도 안에서 나 자신의 실상을 볼 수 있어야 합니다. 그렇다면 그 후에야 나는 그저 그리스도의 구원을 받아들일 것입니다. 그것이 전부입니다.

새로운 피조물이 되어야 하는 필요성

어느 날 산책을 나갔을 때, 나는 어머니를 위한 심부름을 하고 있는 한 소녀를 만났는데, 한 손에는 손잡이가 달린 유리 주전자를 들고 있었습니다. 가는 도중에, 그만 그녀의 발이 작은 돌에 걸려 넘어졌고, 유리 주전자는 50조각 이상으로 부서졌습니다. 그 아이는 어머니가 벌을 줄 것이라며 울기 시작했습니다. 내가 그 아이 가까이 갔을 때, 그 아이는 "조각들을 주워서, 접착제를 사와서 그것들을 붙여주세요"라고 말하는 것이었습니다. 그럴지라도 그것은 여전히 깨진 유리 주전자일 뿐이었습니다. 모든 것이 금이 가고 흠집이 난 상태였습니다. 사람들은 금이 간 유리 주전자를 좋아하지 않습니다. 그래서 나는 그럴 수 없었습니다. 나는 그저 "울지 말라. 나와 함께 가서 새 것을 사러 가자꾸나"라고 말했습니다. 나는 그 아이를 가게로 데려갔고, 대여섯 개의 유리 주전자를 보여준 후 하나를 고르게 했습니다. 그리고 나는 그 값을 지불했습니다. "이래도 엄마가 화낼까봐 걱정되니?"라고 물었습니다. 그러자 그 아이는 "아, 아니에요. 제가 깬 것보다 훨씬 더 좋은 거에요"라고 대답하는 것이었습니다.

바로 이런 것이 율법의 의입니다. 아주 작은 장애물이 우리의 길에 놓여 있고, 우리는 거기에 걸려 넘어지게 되고, 우리의 모든 의는 산산조각이 나버렸습니다. 그리고 그리스도는 그 깨진 조각들을 주워서 붙이고자 하늘에서 내려오신 것이 아닙니다. 그렇지 않습니다. 완전하신 구주의 완전한 의(義)를 주시고자 오셨습니다. 낡은 것을 수선하는 것이 아니라, 완전히 새로운 피조물로 만드시는 것입니다.

그러므로 율법은 모든 사람의 입을 닫게 만드는 일을 합니다. 우리는 유죄 판결을 받았으며, 이제 그리스도께서 우리를 위한 대속제물이십니다. 하나님은 "내 아들의 피가 흘려졌다. 그를 믿으라. 그리하면 그 안에서 너희는 의롭게 되고, 하나님의 품에 열납되며, 완전하게 될 것이다"라고 말씀하십니다. 그리스도는 "하나님으로부터 나와서 우리에게 지혜와 의로움과 거룩함과 구원함이" 되셨습니다. 모든 것이 그리스도 안에 있으며 우리를 위해 있습니다.

구원을 가져다주는 하나님의 은혜

이제 한 구절을 더 살펴보겠습니다.

"모든 사람에게 구원을 주시는 하나님의 은혜가 나타나 우리를 양육하시되 경건하지 않은 것과 이 세상 정욕을 다 버리고 신중함과 의로움과 경건함으로 이 세상에 살고 복스러운 소망과 우리의 크신 하나님 구주 예수 그리스도의 영광이 나타나심을 기다리게 하셨으니 그가 우리를 대신하여 자신을 주심은 모든 불법에서 우리를 속량하시고 우리를 깨끗하게 하사 선한 일을 열심히 하는 자기 백성이 되게 하려 하심이라."(딛 2:11-14)

처음 런던에 갔을 때가 기억이 납니다. 한 크리스천 신사가 나에게 와서 말하길, "헨리 무어하우스, 나는 당신이 이것을 늘 기억하기를 바랍니다. '구원을 가져오는 하나님의 은혜가 모든 사람들에게 나타났습니다. 하지만' 그는 말하길, '당신은 거기서 멈춰서는 안 됩니다. 계속 읽어 나가야 합니다. 과연 이 구절이 우리가 이제 계명에서 자유롭게 되었으니, 마음껏 자유롭게 살자고 가르치고 있을까요? 그렇지 않습니다. 오히려 이렇게 말하고 있습니다. 즉 하나님은 율법을 세우셨고, 사람들은 그 율법을 지키며 사는데 실패했습니다. 그런데 이제 하나님은 그분의 기준을 우리 수준으로 끌어내리는 대신, 오히려 그것을 더 높이셨고 하늘에 두셨으며, 그리곤 '여기까지 올라오라' 고 말씀하십니다. 율법은 '이것을 하라!' 고 말하지만, 은혜는 그것을 어떻게 할 수 있는지를 나에게 가르쳐줍니다" 라고 하는 것이었습니다.

그렇습니다. 하나님은 우리에게 율법을 면제시켜 주시지 않으셨습니다. 오히려 하나님의 은혜 속으로 더욱 깊이 들어가서 생명의 성령의 법으로 사는 법을 배우고, 율법의 요구를 이루는 삶을 살라(롬 8:4)고 말씀하셨습니다.

만일 사람들이 모세의 율법을 지킬 수 없었다면, 크리스천들은 어떻게 훨씬 더 높은 법을 지킬 수 있을까요? 은혜가 우리에게 힘을 주고, "경건하지 않은 것과 이 세상 정욕을 다 버리고 신중함과 의로움과 경건함으로 이 세상에 살도록" 우리를 가르치고 있다는 사실을 기억합시다.

하나님께 감사하게도, 은혜는 또한 우리가 율법 아래 있지 않다는 사실을 가르치고 있습니다. 우리는 다만 은혜 아래 있습니다. 은혜는 우리에게 영생을 줍니다. 은혜는 우리에게 주인님을 섬기고, 발자취를 따라가게 해줍니다. 은혜는 목자로 하여금 우리를 인도하게 하고, 그리고 우리로 하여금 목자를 따를 수 있는 힘과 능력을 줍니다. 은혜는 이제 주인님을 섬기며, 주인님의 발자취를 따라 걸으라고 교훈하고 있습니다.

하나님께서 우리로 하여금 우리가 이제는 모세 아래 있지 않고, 그리스도 아래 있음을 알게 해주시길 바랍니다. 우리가 율법 아래에 있지 않고, 은혜 아래에 있음을 더욱 경험하게 해주시길 바랍니다. 모든 영광, 주님 홀로 받으소서! 아멘.

헨리 무어하우스
(Henry Moorhouse, 1840-1880)

헨리 무어하우스는 D. L. 무디에게 미친 영향으로 인해 "수백만을 감동시킨 사람을 감동시킨 바로 그 사람"으로 불리고 있다.

헨리는 맨체스터에서 태어났으며, 그의 아버지는 감리교회에서 주일학교 교사로 가르치는 일을 했던, 자상하고 일하는데 열심인 그리스도인이었다. 하지만 열두 살의 어린 나이에 헨리는 상점에서 일해야 했으며, 나쁜 사람들에게서 영향을 받았다. 어린 나이에도 불구하고 헨리는 여러 차례 감옥에 가곤했다. 열여섯 살이 되던 해에, 헨리는 스스로 도박꾼과 깡패두목이 되었다. 헨리는 필요하면 언제라도 자살하고자 하는 목적에서 권총을 가지고 다녔다. 헨리는 무모했고, 악했으며, 훔치는 일 뿐만 아니라, 종종 자살을 시도하기도 했다.

　1859년 부흥이 일던 당시 맨체스터에는 리차드 위버가 설교하고 있었고, 먼저 그의 친구가 거듭나게 되었으며, 헨리에게 자신의 구원 간증을 들려주었다. 그래서 자신도 리차드 위버의 설교를 듣고자 그곳에 갔으나, 갑자기 소동이 일어나는 소리를 듣고 마을에 무슨 큰 싸움이 났나보다 생각하고는, 싸움에 끼어들려는 마음으로 힘껏 달려가다가 갑자기 설교자가 외치는 "예수"라는 한 단어에 사로잡혔다. 그것은 그의 양심을 향해 강렬히 호소하는 음성이었다. 수주일 동안 처절한 마음의 번뇌와 투쟁 끝에, 헨리는 마침내 구주께로 나아오게 되었다. 그의 회심은 참으로 극적인 것이었는데, 그의 지난 삶이 너무도 죄악되었기 때문이다.

　헨리 무어하우스는 이후에 복음전도에 자신의 삶을 바쳤다. 이후에 D.L 무디와 만남을 가졌고, 무디가 목회하는 교회에서 요한복음 3장 16절을 가지고 7일 동안 설교를 했으며, 무디에게 엄청난 영향을 미쳤다. 이 일로 인해서 무디는 하나님을 새롭게 알게 되었다. 즉 이전에 무디는 하나님을 죄인을 심판하시는 하나님으로 알고 있었다면, 그 날 후로는 죄인을 사랑하시는 하나님으로 알게 되었으며, 그의 영혼 속에 자리 잡게 되었다.

　헨리 무어하우스를 통해서 하나님을 죄인을 사랑하시는 하나님으로 알게 된 수많은 사람들이 생겨나게 되었으며, 그를 통해서 구원받은 사람들의 숫자는 오직 하늘에 가서야 알게 될 것이다.

헨리 무어하우스의 설교는 무디에게 있어서 하나의 계시와도 같았다. D. L. 무디는 그 날을 회상하면서 이렇게 말했다.

"저는 그때까지 하나님이 우리를 그처럼 사랑하는지는 미처 깨닫지 못하고 있었습니다. 이러한 제 마음은 녹아지기 시작했고, 감동의 눈물을 흘리지 않을 수 없었습니다. 그것은 마치 먼 땅에서 오는 좋은 기별과도 같았습니다. 저는 다만 그것을 목마른 사람처럼 들이마셨습니다(잠 25:25 참조)."

"헨리는 하나님의 사랑으로 우리 마음을 녹여버렸고, 그날 이후로는 하나님의 사랑을 결코 의심해 본 일이 없습니다. 저는 하나님이 죄인 뒤에 서계셔서 양날이 선 검을 가지고 곧 그 죄인을 내리치려 하신다고 종종 설교해 본 일이 있습니다. 또 그런 식으로 여러 번 설교했습니다. 그러나 이제는 하나님이 사랑을 가지고 죄인 뒤에 서계신다고 설교합니다. 그래서 죄인들로 하여금 사랑의 하나님께로 달려오도록 합니다."

"저는 그 날 밤을 결코 잊을 수 없습니다. 저는 지금까지 복음을 증거해 온 사람입니다. 그러나 그날 이후로 저는 하나님과 사람 앞에서 더욱 복음증거의 능력을 갖게 되었습니다."

형제들의 집 도서 안내

1. 조지 뮐러 영성의 비밀
   조지 뮐러 지음/이종수 옮김/값 1,000원
2. 수백만을 감동시킨 사람을 감동시킨 바로 그 사람: 헨리 무어하우스
   존 A. 비올리 지음/이종수 옮김/값 1,000원
3. 내 영혼의 만족의 노래
   W.T.P 윌스톤 지음/이종수 옮김/값 1,000원
4. 모든 일을 하나님의 영광을 위하여 하라
   해리 아이언사이드 지음/이종수 옮김/값 1,000원
5. 잃어버린 영혼을 위해서 어떻게 기도해야 하는가
   오스왈드 샌더스, 찰스 스펄전 지음/이종수 옮김/값 1,000원
6. 윌리암 켈리의 칭의의 은혜(개정판)
   윌리암 켈리 지음/이종수 옮김/값 6,000원
7. 이것이 거듭남이다(개정판)
   알프레드 깁스 지음/이종수 옮김/값 9,000원
8. 존 넬슨 다비의 영성있는 복음
   존 넬슨 다비 지음/이종수 옮김/값 5,000원
9. 로버트 클리버 채프만의 사랑의 영성(개정판)
   로버트 C. 채프만 지음/이종수 옮김/값 7,000원
10. 영성을 깊게 하는 레위기 묵상
    C.H. 매킨토시 외 지음/이종수 옮김/값 5,000원
11. 존 넬슨 다비의 성경주석: 빌립보서
    존 넬슨 다비 지음/이종수 옮김/값 5,000원
12. 존 넬슨 다비의 히브리서 묵상(개정판)
    존 넬슨 다비 지음/정병은 옮김/값 11,000원
13. 조지 커팅의 영적 자유
    조지 커팅 지음/이종수 옮김/값 4,000원
14. 윌리암 켈리의 해방의 체험(개정판)
    윌리암 켈리 지음/이종수 옮김/값 4,500원
15. 존 넬슨 다비의 성경주석: 골로새서(개정판)
    존 넬슨 다비 지음/이종수 옮김/값 8,000원
16. 구원 얻는 기도
    이종수 지음/값 5,000원
17. 영혼의 성화
    프랭크 빈포드 호올 지음/이종수 옮김/값 1,000원
18. 당신은 진짜 거듭났는가?
    아더 핑크 지음/박선희 옮김/값 4,500원
19. C.H. 매킨토시의 완전한 구원(개정판)
    C.H. 매킨토시 지음/이종수 옮김/값 5,500원

20. 존 넬슨 다비의 하나님의 뜻을 분별하는 법
　　　　　　　　　　　　　　　　존 넬슨 다비 지음/이종수 옮김/값 1,000원
21. 존 넬슨 다비의 성경주석: 요한계시록
　　　　　　　　　　　　　　　　존 넬슨 다비 지음/이종수 옮김/값 10,000원
22. 주 안에 거하라
　　　　　　　　　해밀턴 스미스, 허드슨 테일러 지음/이종수 옮김/값 1,000원
23. C.H. 매킨토시의 하나님의 선물
　　　　　　　　　　　　　　　　C.H. 매킨토시 지음/이종수 옮김/값 4,000원
24. 존 넬슨 다비의 성경주석: 에베소서
　　　　　　　　　　　　　　　　존 넬슨 다비 지음/이종수 옮김/값 8,000원
25. 존 넬슨 다비의 영적 해방
　　　　　　　　　　　　　　　　존 넬슨 다비 지음/문영권 옮김/값 7,000원
26. 건강하고 행복한 그리스도인이 되는 법
　　　　　　　　　　어거스트 반 린, J. 드와이트 펜테코스트 지음/ 값 1,000원
27. 존 넬슨 다비의 성경주석: 로마서
　　　　　　　　　　　　　　　　존 넬슨 다비 지음/문영권 옮김/값 12,000원
28. 존 넬슨 다비의 성화의 길
　　　　　　　　　　　　　　　　존 넬슨 다비 지음/이종수 옮김/값 4,500원
29. 기독교 신앙에 회의적인 사랑하는 나의 친구에게
　　　　　　　　　　　　　　로버트 A. 래이드로 지음/박선희 옮김/값 5,000원
30. 이수원 선교사 이야기
　　　　　　　　　　　　더글라스 나이스웬더 지음/이종수 옮김/값 5,000원
31. 체험을 위한 성령의 내주, 그리고 충만
　　　　　　　　　　　　　　　　　조지 커팅 지음/이종수 옮김/값 4,500원
32. 존 넬슨 다비의 성경주석: 갈라디아서
　　　　　　　　　　　　　　　　존 넬슨 다비 지음/이종수 옮김/값 4,800원
33. 존 넬슨 다비의 성경주석: 요한서신서·유다서
　　　　　　　　　　　　　　　　존 넬슨 다비 지음/문영권 옮김/값 8,000원
34. 존 넬슨 다비의 성경주석: 데살로니가전·후서
　　　　　　　　　　　　　　　　존 넬슨 다비 지음/이종수 옮김/값 8,000원
35. 그리스도와의 연합과 구원(성경공부교재)
　　　　　　　　　　　　　　　　　　　　　　문영권 지음/값 2,500원
36. 그리스도와의 연합과 성화(성경공부교재)
　　　　　　　　　　　　　　　　　　　　　　문영권 지음/값 3,000원
37. 사도라 불린 영적 거장들
　　　　　　　　　　　　　　　　　　　　　　이종수 지음/값 7,000원
38. 당신은 진짜 하나님을 신뢰하는가(개정판)
　　　　　　　　　　　　　　　　조지 뮬러 지음/ 이종수 옮김/값 5,500원
39. 그리스도와 연합된 천상적 교회가 가진 영광스러운 교회의 소망
　　　　　　　　　　　　　　　존 넬슨 다비 지음/ 문영권 옮김/ 값 13,000원
40. 가나안 영적 전쟁과 하나님의 전신갑주
　　　　　　　　　　　　　　　　존 넬슨 다비 지음/ 이종수 옮김/ 값 2,000원

41. 죄 사함, 칭의 그리고 성화의 진리
고든 헨리 해이호우 지음/ 이종수 옮김/ 값 2,000원
42. 하나님을 찾는 지성인, 이것이 궁금하다!
김종만 지음/ 값 10,000원
43. 이것이 그리스도의 심판대이다
이종수 엮음/ 값 8,000원
44. 존 넬슨 다비의 성경주석: 마태복음
존 넬슨 다비 지음/이종수 옮김/값 16,000원
45. C.H. 매킨토시의 하나님에 관한 진실
C.H. 매킨토시 지음/이종수 옮김/값 1,000원
46. 존 넬슨 다비의 성경주석: 여호수아
존 넬슨 다비 지음/문영권 옮김/값 8,000원
47. 찰스 스탠리의 당신의 남편은 누구인가
찰스 스탠리 지음/이종수 옮김/값 4,000원
48. 존 넬슨 다비의 성령론
존 넬슨 다비 지음/이종수 옮김/값 13,000원
49. 존 넬슨 다비의 영적 해방의 실제
존 넬슨 다비 지음/이종수 옮김/값 5,000원
50. 존 넬슨 다비의 주요사상연구: 다비와 친구되기
문영권 지음/값 5,000원
51. 존 넬슨 다비의 죽음 이후 영혼의 상태
존 넬슨 다비 지음/이종수 옮김/값 5,000원
52. 신학자 존 넬슨 다비 평전
이종수 지음/ 값 7,000원
53. 존 넬슨 다비의 요한복음 묵상
존 넬슨 다비 지음/이종수 옮김/값 8,000원
54. 프레드릭 W. 그랜트의 영적 해방이란 무엇인가
프레드릭 W. 그랜트 지음/이종수 옮김/값 4,500원
55. 홍해와 요단강을 통해서 나타난 하나님의 구원
윌리암 켈리 지음/ 이종수 옮김/ 값 4,800원
56. 그리스도와의 연합을 위한 성령의 역사
윌리암 켈리 지음/ 이종수 옮김/ 값 19,000원
57. 누가, 그리스도인인가?
시드니 롱 제이콥 지음/ 박영민 옮김/ 값 7,000원
58. 선교사가 결코 쓰지 않은 편지
프레드릭 L. 코신 지음 / 이종수 옮김/ 값 9,000원
59. 사랑의 영성으로 성자의 삶을 살다간 로버트 채프만
프랭크 홈즈 지음 / 이종수 옮김/ 값 8,500원
60. 므비보셋, 룻, 그리고 욥 이야기
찰스 스탠리 지음 / 이종수 옮김/ 값 7,500원
61. 구원의 근본 진리
에드워드 데넷 지음 / 이종수 옮김/ 값 6,500원

62. 회복된 진리, 6+1
　　　　　　　　　　　　　　　에드워드 데넷 지음/ 이종수 옮김/ 값 6,000원
63. 당신의 상상보다 더 큰 구원
　　　　　　　　　　　　　프랭크 빈포드 호올 지음/ 이종수 옮김/ 값 6,500원
64. 뿌리 깊은 영성의 그리스도인으로 사는 법
　　　　　　　　　　　　찰스 앤드류 코우츠 지음/ 이종수 옮김/ 값 9,000원
65. 천국의 비밀 : 천국, 하나님 나라, 그리고 교회의 차이
　　　　　　　　프레드릭 W. 그랜트 & 아달펠트 P. 세실 지음/이종수 옮김/ 값 7,000원
66. 존 넬슨 다비의 성경주석: 베드로전·후서
　　　　　　　　　　　　　　　존 넬슨 다비 지음/장세학 옮김/ 값 7,500원
67. 존 넬슨 다비의 영광스러운 구원
　　　　　　　　　　　　　　　존 넬슨 다비 지음/이종수 엮음/ 값 15,000원
68. 어린양의 신부
　　　　　　　W.T.P. 월스톤 & 해밀턴 스미스 지음/ 박선희 옮김/ 값 10,000원
69. 성경에서 말하는 회심
　　　　　　　　　　　　　　　C.H. 매킨토시 지음/ 이종수 옮김/ 값 9,000원
70. 십자가에서 천년통치에 이르는 그리스도의 길
　　　　　　　　　　　　　　　존 R. 칼드웰 지음/ 이종수 옮김/ 값 7,500원
71. 그리스도와의 연합이란 무엇인가?
　　　　　　　　　　　　　　　에드워드 데넷 지음/ 이종수 옮김/ 값 9,000원
72. 하늘의 부르심 vs. 교회의 부르심
　　　　　　　　　　　　　　　존 기포드 벨렛 지음/ 이종수 옮김/ 값 16,000원
73. 당신은 진짜 새로운 피조물인가
　　　　　　　　　　　　　　존 넬슨 다비 외 지음/ 이종수 옮김/ 값 12,000원
74. 플리머스 형제단 이야기
　　　　　　　　　　　　　　　앤드류 밀러 지음/ 이종수 옮김/ 값 14,000원
75. 바울의 복음, 그리스도의 영광의 복음
　　　　　　　　　　　　　　　존 기포드 벨렛 지음/ 이종수 옮김/ 값 9,000원
76. 악과 고통, 그리고 시련의 문제
　　　　　　　　　　　　　　　　　　　　　　이종수 지음/ 값 9,000원
77. 요한계시록 일곱 교회를 향한 예언 메시지
　　　　　　　　　　　　　　　존 넬슨 다비 지음/이종수 옮김/ 값 18,000원
78. 영광스러운 구원, 어떻게 받는가
　　　　　　　　　　　　　　　존 넬슨 다비 지음/이종수 엮음/ 값 13,000원
79. 영광스러운 교회의 길
　　　　　　　　　　　　　　　존 넬슨 다비 지음/이종수 엮음/ 값 22,000원
80. 존 넬슨 다비의 성경주석: 디모데전후서, 디도서, 빌레몬서
　　　　　　　　　　　　　　　존 넬슨 다비 지음/이종수 옮김/ 값 15,000원
81. 성경을 아는 지식
　　　　　　　　　　　　　　　존 넬슨 다비 지음/이종수 엮음/ 값 18,500원
82. 십자가의 도
　　　　　　　　　　　　　　　존 넬슨 다비 지음/이종수 엮음/ 값 13,500원

83. 존 넬슨 다비의 성경주석: 고린도전후서
                    존 넬슨 다비 지음/이종수 옮김/값 18,500원
84. 존 넬슨 다비의 성경주석: 사도행전
                    존 넬슨 다비 지음/이종수 옮김/값 17,000원
85. 그리스도와의 연합을 위한 사도 바울의 기도
                    존 넬슨 다비 지음/이종수 엮음/값 10,000원
86. 빌라델비아 교회의 길
                    해밀턴 스미스 지음/이종수 옮김/값 10,000원
87. 무명한 자 같으나 유명한 존 넬슨 다비 전기
             윌리암 터너, 에드윈 크로스 지음/이종수 옮김/값 12,000원
88. 성경의 핵심용어 해설
                 데이빗 구딩, 존 레녹스 지음/허성훈 옮김/값 9,000원
89. 존 넬슨 다비의 성경주석: 히브리서, 야고보서
                    존 넬슨 다비 지음/이종수 옮김/값 17,500원
90. 존 넬슨 다비의 성경주석: 요한복음
                    존 넬슨 다비 지음/이종수 옮김/값 17,000원
91. 신부의 노래
                    해밀턴 스미스 지음/이종수 옮김/값 10,000원
92. 에클레시아의 비밀
                    해밀턴 스미스 지음/이종수 옮김/값 10,000원
93. 존 넬슨 다비의 성경주석: 누가복음
                    존 넬슨 다비 지음/이종수 옮김/값 13,500원
94. 예수 그리스도를 따라 맨 밑바닥까지 내려가는 아름다움
                        조지 위그램 지음/이종수 옮김/값 7,000원
95. 존 넬슨 다비의 성경주석: 마가복음
                    존 넬슨 다비 지음/이종수 옮김/값 8,000원
96. 죄 사함과 죄로부터의 완전한 자유
                        조지 커팅 지음/이종수 옮김/값 7,000원
97. 성령의 성화
                        윌리암 켈리 지음/이종수 옮김/값 6,500원
98. 하나님의 義란 무엇인가
                        윌리암 켈리 지음/이종수 옮김/값 9,000원
99. 길이요 진리요 생명이신 그리스도
                        윌리암 켈리 지음/이종수 옮김/값 6,500원
100. 보혜사 성령
                    W.T.P. 월스톤 지음/이종수 옮김/값 24,000원
101. 존 넬슨 다비의 성경주석: 창세기
                    존 넬슨 다비 지음/이종수 옮김/값 8,600원
102. 존 넬슨 다비의 성경주석: 이사야
                    존 넬슨 다비 지음/이종수 옮김/값 9,400원
103. "그리스도와의 하나됨"을 통한 동일시의 진리란 무엇인가
             클라이드 필킹턴 주니어 책임편집/이종수 엮음/값 9,000원

104. 존 넬슨 다비의 성경주석: 다니엘
　　　　　　　　　　　존 넬슨 다비 지음/이종수 옮김/값 8,000원
105. 그리스도와의 하나됨을 통한 "양자 삼음의 진리"란 무엇인가
　　　　　　　클라이드 필킹턴 주니어 책임편집/이종수 엮음/값 11,000원
106. 순례자의 노래
　　　　　　　　　　　존 넬슨 다비 지음/문영권 옮김/값 12,000원
107. 존 넬슨 다비의 성경주석: 에스겔
　　　　　　　　　　　존 넬슨 다비 지음/이종수 옮김/값 8,800원
108. 성경공부교재 제 1권 거듭남의 진리
　　　　　　　　　　　　　　　　　이종수 지음/ 값 5,000원
109. 존 넬슨 다비의 성경주석: 잠언, 전도서, 아가서
　　　　　　　　　　　존 넬슨 다비 지음/이종수 옮김/값 5,000원
110. 성경공부교재 제 2권 죄사함의 진리
　　　　　　　　　　　　　　　　　이종수 지음/ 값 6,500원
111. 최고의 영광으로의 부르심
　　　　　　　클라이드 필킹턴 주니어 편집/이종수 엮음/값 9,000원
112. 존 넬슨 다비의 성경주석: 예레미야, 예레미야애가
　　　　　　　　　　　존 넬슨 다비 지음/이종수 옮김/값 9,000원
113. 존 넬슨 다비의 새번역 신약성경(다비역 성경)
　　　　　　　　　　　존 넬슨 다비 지음/이종수 옮김/값 35,000원
114. 존 넬슨 다비의 성경주석: 소선지서
　　　　　　　　　　　존 넬슨 다비 지음/이종수 옮김/값 20,000원
115. 삼층천의 비밀
　　　　　　　클라이드 필킹턴 주니어 책임편집/이종수 엮음/값 17,000원
116. 존 넬슨 다비의 침례의 더 깊은 의미
　　　　　　　　　　　존 넬슨 다비 지음/이종수 옮김/값 8,000원
117. 존 넬슨 다비의 성경주석: 시편(상)
　　　　　　　　　　　존 넬슨 다비 지음/이종수 옮김/값 13,000원
118. 존 넬슨 다비의 성경주석: 시편(하)
　　　　　　　　　　　존 넬슨 다비 지음/이종수 옮김/값 14,000원
119. 여자의 너울에 대한 교회사의 증언
　　　　　　　　　　　　　　　　　이종수 엮음/값 10,000원
120. 사랑하시는 자 안에서 우리를 열납해주신 하나님의 은혜의 영광
　　　　　　　　　　　찰스 웰치 지음/이종수 옮김/값 10,000원
121. 존 넬슨 다비의 천국의 경륜이란 무엇인가
　　　　　　　　　　　존 넬슨 다비 지음/이종수 옮김/값 10,000원
122. 존 넬슨 다비의 아버지와 그의 아들 예수 그리스도와 더불어 누리는 사귐
　　　　　　　　　　　존 넬슨 다비 지음/이종수 옮김/값 8,000원
123. 존 넬슨 다비의 성경주석: 출애굽기
　　　　　　　　　　　존 넬슨 다비 지음/이종수 옮김/값 9,000원
124. 헨리 무어하우스의 은혜의 영성
　　　　　　　　　　　헨리 무어하우스 지음/이종수 옮김/값 15,000원

Originally published under the title of
Collective Writings and Sermons of Henry Moorhouse
by Henry Moorhouse
Copyright © 2010
GOSPEL FOLIO PRESS
All Rights Reserved

Korean translation copyright
© 2022 by Brethren House, Korea
All rights reserved

헨리 무어하우스의 은혜의 영성
ⓒ형제들의 집 2022

초판 발행 • 2022.12.27
지은이 • 헨리 무어하우스
옮긴이 • 이종수
발행처 • 형제들의집
주소 • 서울시 도봉구 도봉로 150가길 23
판권ⓒ형제들의집 2022
등록 제 7-313호(2006.2.6)
Cell. 010-9317-9103
홈페이지 http://brethrenhouse.co.kr
카페 cafe.daum.net/BrethrenHouse
ISBN 979-11-6914-033-1 03230

＊값은 뒤표지에 있습니다.
＊잘못된 책은 바꿔드립니다.
＊서점공급처는 〈생명의말씀사〉입니다. 전화(02) 3159-7979(영업부)